797,885 Books
are available to read at

www.ForgottenBooks.com

Forgotten Books' App
Available for mobile, tablet & eReader

ISBN 978-0-243-42447-4
PIBN 10553051

This book is a reproduction of an important historical work. Forgotten Books uses state-of-the-art technology to digitally reconstruct the work, preserving the original format whilst repairing imperfections present in the aged copy. In rare cases, an imperfection in the original, such as a blemish or missing page, may be replicated in our edition. We do, however, repair the vast majority of imperfections successfully; any imperfections that remain are intentionally left to preserve the state of such historical works.

Forgotten Books is a registered trademark of FB &c Ltd.
Copyright © 2017 FB &c Ltd.
FB &c Ltd, Dalton House, 60 Windsor Avenue, London, SW19 2RR.
Company number 08720141. Registered in England and Wales.

For support please visit www.forgottenbooks.com

1 MONTH OF FREE READING

at

www.ForgottenBooks.com

By purchasing this book you are eligible for one month membership to ForgottenBooks.com, giving you unlimited access to our entire collection of over 700,000 titles via our web site and mobile apps.

To claim your free month visit:
www.forgottenbooks.com/free553051

* Offer is valid for 45 days from date of purchase. Terms and conditions apply.

English
Français
Deutsche
Italiano
Español
Português

www.forgottenbooks.com

Mythology Photography **Fiction**
Fishing Christianity **Art** Cooking
Essays Buddhism Freemasonry
Medicine **Biology** Music **Ancient Egypt** Evolution Carpentry Physics
Dance Geology **Mathematics** Fitness
Shakespeare **Folklore** Yoga Marketing
Confidence Immortality Biographies
Poetry **Psychology** Witchcraft
Electronics Chemistry History **Law**
Accounting **Philosophy** Anthropology
Alchemy Drama Quantum Mechanics
Atheism Sexual Health **Ancient History**
Entrepreneurship Languages Sport
Paleontology Needlework Islam
Metaphysics Investment Archaeology
Parenting Statistics Criminology
Motivational

Erster Act.

Garten bei Trenner. Rechts rückwärts an der Coulisse das Haus, vis-à-vis desselben, an der Coulisse links, das allgemeine Eingangsthor. Im Hintergrunde über die Bühne ein Gitter, vor demselben dichtes Gebüsch. Nächst dem Eingangsthor ein nettes Gartenhäuschen, rechts vorne überdeckter Tisch, worauf Flaschen und Gläser stehen, Gartenmöbel ꝛc. ꝛc.

Erste Scene.

Flotter, Schwertling, Putzke und noch **acht Herren** verschiedenen Alters, Alle an dem Tisch gruppirt.

Flotter (in der Mitte der Gruppe, das Glas erhoben, singt.)
Stoßt an, Ihr Freunde, trinket froh,
Es lebe der Verein!
Wir Ehehasser comme il faut,
Wir halten uns an Wein.

Alle (repetiren.)
Wir Ehehasser comme il faut,
Wir halten uns an Wein.

Flotter.
Die Lieb' allein, sie lebe hoch,
Der Eh'stand sei verpönt,
Wer feig sich schmiegt in's Ehejoch,
Er sei von uns verhöhnt!

Alle. Wer feig sich schmiegt in's Ehejoch,
Er sei von uns verhöhnt!
Stoßt an, stoßt an, von Hand zu Hand,
Ein Pereat dem Ehestand!

Alle (rufen.) Pereat!

Schwertl. Recht so, schreit nur tüchtig d'rauf los! Wir können es unserem Beschützer, dem Herrn Trenner, nicht oft genug zu hören geben, daß wir Ehehasser sind.

Flotter. Er ist der Gründer unseres Anti=Ehevereins und wir hassen ihm zu Gefallen die Weiber so sehr, daß wir ihnen vor Wuth um den Hals fallen könnten.

Schwertl. Im Grunde genommen ist's doch nur eine verrückte Idee von ihm, da er selbst schon fünf Jahre verheiratet ist. Wir werden uns aber hüten, ihm seinen Spleen zu nehmen, denn wir befinden uns recht wohl dabei.

Putzke (ein Preuße). Ja, det is Factum. Für diese Marotte finden wir fortwährend bei ihm freien Tisch und offenen Keller.

Flotter. Was aber noch mehr sagen will, stets offene Cassa.

Putzke. Deshalb nur immer d'rauf. Nieder mit dem Ehestand! Denken können wir uns doch dabei, was wir wollen.

Schwertl. Und trinken auch so viel wir wollen. Hoch der Herr Trenner!

Alle. Hoch! (Trinken.)

Zweite Scene.

Vorige, Kohlmann kommt aus dem Hause und trägt mehrere Brochuren bei sich.

Kohlm. Aber, meine Herren, was fällt Ihnen ein, schon wieder Wein trinken? Wollen Sie sich denn wirklich eigenhändig selbstmorden?

Flotter. Oho, Herr Kohlmann, ein paar Gläser Wein werden doch nicht lebensgefährlich sein?

Kohlm. Jeder Tropfen ist blutzersetzende Blausäure. (Gibt ihnen Büchern.) Da haben Sie's gedruckt, lesen Sie die Broschüre über'n Vegetarianismus und Sie werden's einsehen.

Putzke. O, Sie sind Vegetarianer?

Kohlm. Ja, das bin ich, und aus Ueberzeugung. Der Vegetarianismus ist die einzig wahre daseinsverlängernde und gesundheiterhaltende Lebensweise. (Dringt ihnen die Bücher auf.) Nehmen Sie, wenn Ihnen am Leben etwas liegt.

Flotter. Bei mir bemühen Sie sich umsonst; ich halte mich an's Fleisch und befinde mich recht wohl dabei.

Kohlm. Ich warne Sie! Sie sind die Freunde meines Schwiegeronkels, es wäre mir leid, wenn Sie zu spät die Wohlthat der vegetabilischen Nahrung einsehen würden! Die älteste Zeit lehrt uns schon die Vorzüglichkeit der Pflanzenkost. Wer hat das höchste Alter erreicht, wie wir in den Spieß'schen Romanen lesen können? Die Einsiedler! Und von was hab'ns g'lebt? Von Wurzeln und Kräutern! Auch die Naturg'schicht' gibt uns davon ein Beispiel. Wer wird beim Genuß von Klee und Waldpflanzen über hundert Jahre alt? Der Hirsch! — Warum sollen wir's nicht auch dahin bringen? Sind Sie überzeugt?

Putzke. Ne, mein Jutester! Ick fühle, daß ick mir bei Braten und Wein famos conservire!

Kohlm. Das ist, so lange die natürliche Lebenskraft wirkt, aber in späteren Jahren kommen dann die Beschwerden. Sind wir nicht von Kindheit auf an Milch und Mehl gewiesen und wie gedeihen wir dabei?! Geben Sie einem neugeborenen Kinde statt ein Mehlpaperl eine Portion G'selchtes und statt Milch ein Achtel Heurigen, nicht vierundzwanzig Stund wird's alt. — Ist das nicht der deutlichste Beweis?

Flotter. Das mag Alles sehr richtig sein. Mir jedoch schlägt Wein und Braten prächtig an!

Kohlm. Das ist bloße Täuschung, dem Magen hinaufoctroyirte Genußsucht! Glauben Sie's mir. Ich habe auch immer Fleisch gegessen, was war die Folge? Daß ich jeden Tag dreimal Ueblichkeiten g'habt hab'; aber seit zwei Monaten, wo ich mich der naturgemäßen Nahrung zugewendet habe, fühl' ich nicht die mindesten Beschwerden, so eine wohlthätige, innere Ruhe, keine Wallungen, mit einem Worte: als ob ich gar nichts im Leib hätt'! Also folgen Sie mir: kein Fleisch, keinen Wein mehr!

Schwertl. Ich glaube kaum, daß Sie Einen von uns zu Ihrer Ansicht bekehren.

Kohlm. Vielleicht doch. Probiren Sie's nur vier Wochen.

Flotter. Nicht vierzehn Tage. Wir bleiben Genußmenschen!

Putzke. Sehr richtig, und befördern unsere Verdauung auf der Kegelbahn.

Alle. Ja, zur Kegelbahn! (Wenden sich zum Gehen.)

Kohlm. Acht Tage können Sie's doch probiren.

Alle. Nein, nein, nicht eine Stund'! (Rechts ab.)

Kohlm. Kurzsichtige Menschen! Wollen nicht hundert Jahre alt werden! Aber nutzt nichts, der Vegetarianismus bricht sich doch noch Bahn und künftig werden alle Menschen ihren Lebensbedarf entweder am Naschmarkt oder am Heumarkt kaufen. (Ab den Andern nach.)

Dritte Scene.

Trenner, ein Mann in den Dreißigern, kommt aus dem Hause.

Entréelied.

Die Lieb' is das Höchste im Leben gewiß,
Sie macht uns die Erde schon zum Paradies,
Und treibt sie mitunter auch manchmal ihr Spiel,
Die Liebe bleibt immer das schönste Gefühl!
Doch hängt an die Liebe die Ehe sich dann,
Ist's aus mit den Freuden und 's Elend fangt an;
Die Lieb' wird erstickt dann im eh'lichen Joch,
Von all' ihren Rosen bleib'n die Dornen nur noch.
D'rum rath' ich ein Jeden die Liebe nur blos,
Aber 's Heiraten, aber 's Heiraten net um a G'schloß.

Prosa.

Wenn die Dichter die Liebe auch nicht so schön beschrieben hätten, wir wüßten doch, daß sie was Himmlisches ist und man hätt' mit dieser Göttergabe allein genug g'habt, um für's ganze Leben glücklich zu sein; aber nein, man war damit nicht zufrieden und hat zu der Liebe den Ehestand erfinden müssen, diesen spanischen Janker, der die Menschen gewaltsam aneinander koppelt, wie die Jagdhund! Ich hab' meine Pepi immer gern g'habt, aber der Gedanke: ich bin jetzt mit ihr verheirat', ich muß sie behalten, ob ich will oder nicht, ich g'hör nicht mehr mein, ich g'hör ihr, ich bin ihr Sclave, dies Bewußtsein macht sie mir verhaßt! — Ich hab' wie ich noch ledig war, alles Mögliche gethan, um der Gefahr einer Heirat zu entgehen. Eifrig war ich bemüht, daß mir ja niemals so viel übrig geblieben, um heiraten zu können, was freilich damals in meiner bescheidenen Stellung als Dienstmann keine Kunst war. Da bricht aber plötzlich das Unglück über mich herein, ich erb' ganz unerwartet das Haus hier um 30.000 Gulden und aus war's mit der

Freud'! Da hat's keine Ausred' mehr geb'n, hinein hab' ich müssen in's Ehejoch und die goldene Freiheit war pfutsch! Fünf Jahre schlepp' ich an den Fesseln, aber es muß ein End' nehmen; ich will frei und ledig sein um jeden Preis!

Vierte Scene.

Voriger, Flotter, Schwertling, Putzke und noch zwei Herren.

Alle Herren. Servus, Servus, Freund Trenner! (Reichen ihm die Hände.)

Flotter. Wir haben Dich schon bei einigen Gläsern Wein hoch leben lassen.

Trenner. Dank Euch, meine Freunde! Trinkt's nur zu; je mehr, desto besser, im Keller ist Wein im Ueberfluß und für meine Gesinnungsgenossen geb' ich den letzten Tropfen.

Putzke. Ja, „Pereat dem Ehestand!" das ist unser Losungswort.

Trenner. Das ist das Wahre, Pereat dem Ehestand! Zerspringen könnt' ich vor Neid, wenn ich Euch so anschau' — lauter ledige, ungebundene Wesen. Keiner von Euch schmachtet in den Fesseln der Ehe, nur ich allein bin der Sclave eines Weibes!

Schwertl. Ich bedauere Dich, Freund. Es muß etwas Schreckliches sein, zeitlebens ein weibliches Geschöpf um sich zu haben.

Trenner. Nein, Freund, das wäre nicht so schrecklich; ich hätte ja gar nichts gegen meine Frau. Wäre sie nur meine Geliebte, ich wäre der glücklichste Kerl. Aber das Bewußtsein: Du bist ein Ehemann, ein Zwängling, ein Mußmann, das ist unerträglich!

Flotter. Deine Frau behandelt Dich doch nicht schlecht?

Trenner. Schlecht behandeln soll sie mich auch noch? Nein, im Gegentheil, sie ist nachgiebig, häuslich, liebenswürdig, kurz Alles, was Einem glücklich machen könnt'; aber sie ist halt meine Frau!

Schwertl. Dann begreife ich nicht, warum Du so desperat warst, daß sie das vergangene Jahr bei ihrem Onkel auf dem Lande zugebracht hat.

Trenner. Weil sich das nicht schickt; wenn man einmal eine Frau auf'n Hals hat, so gehört sie in's Haus!

Putzke. Hören Sie, da machte ich kurzen Proceß und ließe mir scheiden.

Trenner. Das ist ja eben das Ziel, nach dem ich unablässig strebe, aber seit fünf Jahren such' ich nach einem Scheidungsgrund und kann keinen finden. Es muß aber ein Mittel geben, das mich wieder zum freien, ungebundenen Mann macht!

Flotter. Was in unserer Macht steht, Dir dazu zu verhelfen, soll geschehen.

Alle. Ja, das wollen wir!

Trenner. Ich dank' Euch! Dafür könnt Ihr Alle in jeder Beziehung auf mich rechnen. Die Wechseln, die ich von Euch in Händen habe, bleiben ruhig im Kasten liegen mit der Voraussetzung, daß Keiner von Euch heirat't; sollte sich Einer vergessen und unserem Bunde untreu werden, heißt's augenblicklich zahlen.

Flotter. Das wirst Du von mir nicht erleben! (Gibt ihm die Hand.) Ich werde Dir als wahrer Freund immer schuldig bleiben.

Alle (reichen Trenner die Hand). Wir Alle bis in den Tod!

Fünfte Scene.
Vorige, Kohlmann

Kohlm. Schwiegeronkel! Jetzt hab' ich's gedruckt; da nehmen Sie ein Exemplar über die Wohlthat der natürlichen Nahrung, jetzt werden Sie's doch glauben! (Bietet ihm die Brochure an.)

Trenner. Lassen Sie mich aus! Ich hab' Ihnen schon hundertmal g'sagt, daß Sie mich zu Ihrer Grünfütterung nicht haben können.

Kohlm. Aber im Interesse Ihrer Gesundheit — Ihrer Lebensdauer — fünfundneunzig Jahr' garantire ich Ihnen!

Trenner. Und wenn Sie mir versprechen, daß ich so alt werde wie Methusalem, ich werd' kein Rubenfuzler!

Kohlm. Unglaublich! Niemand will sich bekehren, nicht einmal meine Frau glaubt an mich!

Trenner. Da hat sie auch recht; sie wird sich mit Ihre heißabg'sottenen Brennnessel den Magen verderben!

Sechste Scene.

Vorige, Frau Trenner (ungefähr 28 Jahre alt, hübsch, wohlconservirt, mit einem Papier in der Hand aus dem Hause kommend).

Fr. Trenner (ironisch). Verzeihen Sie, meine Herrschaften, wenn ich Ihre Unterhaltung störe, die ohne Zweifel sehr interessant ist, aber ich habe eine wichtige Sache mit meinem Mann zu besprechen. (Alle begrüßen sie beim Eintritt.)

Flotter. Wir wollen nicht incommodiren. (Zu den Andern:) Ich denke, wir gehen wieder zu unserer Kegelpartie!

Trenner. Ja, geht's nur, ich komm' gleich nach! (Alle machen der Frau Trenner ein Compliment und gehen ab.)

Kohlm. (zu Frau Trenner). Schwiegertante, haben Sie das Büchl über'n Vegetarianismus gelesen? Nicht wahr — jedes Wort eine Lebensversicherungs-Assecuranz!

Fr. Trenner. Wer den Magen hat, diese Nahrung zu vertragen, dem kann's nicht schädlich sein, nach meinem Geschmack aber ist sie nicht.

Kohlm. Sie wollen sich also nicht zu dieser Nahrungsmethode bekennen?

Fr. Trenner. Nein, mein Lieber; essen Sie wegen meiner abgeschmalzene Sagschatten, ich hab' nichts dagegen; ich aber bleib' bei meiner Kost!

Kohlm. (für sich) Da bleibt mir nichts übrig, als daß ich allein die ganze Generation überleb'! (Zieht eine gelbe Rübe aus der Tasche, an der er nagt, und geht den Andern nach.)

Trenner. Na, was gibt's denn so Wichtiges?

Fr. Trenner. Ja, sag' mir, Mann, bist Du denn wirklich schon verruckt?

Trenner. Ich bitt' mir jeden Zweifel an meinem Verstand aus! Solche Fragen würdest Du Dir gewiß net erlauben, wenn ich noch Dein Geliebter wär', aber als Dein Sclave glaubst Du, muß ich mir's gefallen lassen!

Fr. Trenner. Hör' mir auf mit Deiner Sclaverei! Ein Narrendattel bist Du, der sich Dummheiten in Kopf g'setzt hat.

Trenner (für sich). Narrendattel ist leider kein Scheidungsgrund — vielleicht kommt's ärger!

Fr. Trenner (ihm die Schrift hinhaltend). Was soll denn das wieder heißen mit dem Circulär?

Trenner. Das hab' ich an meine Parteien g'schickt!

Fr. Trenner. Ja, ist denn das Dein Ernst? Nicht genug, daß Du den Parteien in einemfort den rückständigen Zins creditirst, laßt Du ihnen da bekannt machen, daß sie niemals gekünd't werden.

Trenner. Ja, das hab' ich gethan, ich, der Hausherr!

Fr. Trenner. Aber ich bin die Hausfrau — und hab' da auch ein Wort mit d'reinz'reden! Wenn eine oder die andere Partei der Verhältnisse wegen den Zins schuldig bleibt, na, so druck ich ja auch ein Aug' zu, weil ich's selber empfunden hab', wie schwer das ist, wenn man gern zahlen möcht und nöt kann — aber die Leut' zum „Nichtzahlen" förmlich auffordern, das is ein Unsinn, eine große Eselei!

Trenner (für sich). Eselei?! Das ist etwas! (Laut.) Gleichviel, das Circulär bleibt in Kraft; ich bin kein Schulbub', der heut' widerruft, was er gestern zug'sagt hat. Punktum!

Fr. Trenner. Auf diese Art bin ich der Niemand im Haus? — Gut, so geh' ich lieber wieder zum Onkel nach Rutschenfeld, da brauch' ich mich wenigstens nicht zu ärgern.

Trenner. Das glaub' ich, daß Dir das g'fallet, immer außer dem Haus zu sein! Wozu war es denn dann überhaupt nothwendig, daß wir über Hals und Kopf haben heiraten müssen? Hat dieser Ehestand einen Zweck? Statt eigener Familie haben wir lauter Fremde im Haus.

Fr. Trenner. Fremde? Es sind, so viel ich weiß, lauter Anverwandte.

Trenner. Von einem verstorbenen Onkel hab'n wir eine Tochter und einen Sohn, von ein' andern wieder ein Madl, es ist ja wie in einem Versorgungshaus!

Fr. Trenner. Die Dich aber Alle nichts kosten, weil sie ihr eigenes Vermögen haben.

Trenner. Na ja, Du mußt ja immer Recht haben, das ist eine alte Geschichte. Wo wird denn jetzt hingegangen, wenn man fragen darf?

Fr. Trenner. Hab' ich mich nicht in Deine Angelegenheiten zu mischen, so gehen Dich die meinigen auch nichts an.

Trenner. Muß was besonders Wichtiges sein: gehst ja sonst um diese Zeit nie aus!

Fr. Trenner. Soll ich vielleicht eine Bittschrift einreichen, oder wie ein Dienstbote nur alle vierzehn Tage einen Ausgang haben? Das fehlet noch! Schau lieber auf'n

Carl, den Du Dir zur Erziehung vorbehalten haft, daß er nicht den ganzen Tag herumflanirt und dem lieben Gott den Tag abstiehlt.

Trenner. Um den Buben haft Du Dich nicht zu kümmern, der steht unter meiner Leitung, also kann's ihm nicht fehlen, daß er ein vernünftiger Mann wird. Besser wär' es gewesen, Du hättest der Emilie, wie sie aus dem englischen Stift zu uns gekommen ist, ihre Zimperlichkeit abgewöhnt!

Fr. Trenner. Was Du Zimperlichkeit nennst, das ist Anstand und Moralität.

Trenner. Hör' mir auf mit dieser Moralität! Wann man in ihr Zimmer kommt, muß man hell auflachen! Alle Tisch- und Sesselfüß haben Hoserl an aus lauter Sittlichkeit, sogar der Besenstiel hat einen Ueberzug, um das Zartgefühl nicht zu verletzen, und das nennt man Erziehung!

Fr. Trenner. Das verstehst Du, profaner Mensch, nicht! Sie ist eine sittsame Frau und ist glücklich verheiratet!

Trenner. Ja, mit diesem verrückten Tschapperl-Salat-Esser, diesem Spinat-Enthusiasten! Diese Heirat hast Du auch z'sammbandelt, aber ich werde das Meinige thun, sie auseinander zu bringen!

Fr. Trenner. Untersteh' Dich und stift' mir unter den Zweien Unfrieden. Dann hast Du es mit mir zu thun. — Wenn Du einen Sporn hast und mich mit Deinem albernen Ehehaß quälst, so kostet mich das einen Lacher, weil ich Dich kenn' — wenn Du aber das Glück dieser jungen Frau stören willst, wird die Dummheit zu viel und ich mach' Ordnung, das merk' Dir, Du eingebildeter Ehefeind. (Rasch ab.)

Trenner (allein). Jetzt frag' ich: ist so ein Eh'stand auszuhalten? Hab' ich nicht recht, wenn ich alle Hebel in Bewegung setz', um geschieden zu werden? — Und es muß so weit kommen! — Sie hat vorhin etwas von Eselei g'sagt; wenn ich auch diese Aeußerung als Klagepunkt nimm, so ist sie am End im Stand' und tritt den Beweis der Wahrheit an und ich kann wieder geh'n! — Meine einzige Hoffnung ist jetzt noch der Doctor Geyer, den man mir recommandirt hat, der soll noch jede Ehe getrennt haben, der muß Rath schaffen.

Siebente Scene.

Voriger, Emilie.

Em. (aus dem Hause). Onkel, ist mein Mann auf der Kegelbahn?

Trenner. Ja, Du unglückliches Wesen, er ist dort!

Em. Warum nennen Sie mich unglücklich?

Trenner. Ist das vielleicht ein Glück, wenn man mit so einem Grünspeis-Narren verheiratet ist?

Em. Das ist wohl wahr, und er will mit aller Gewalt, ich soll mich ebenfalls zu seiner Lebensweise bekennen, die mir durchaus nicht behagt.

Trenner. Das darfst Du nicht leiden; wenn er durchaus darauf besteht, hast Du den schönsten Grund, Dich von ihm scheiden zu lassen.

Em. (erstaunt). Scheiden? — ich — mich — von meinem Mann? Nein, Onkel, das geschieht nicht; ich habe ihn zu lieb, und wenn es nicht anders sein kann, so will ich in Gottesnamen lieber Kraut und Rüben essen, als mich von meinem Gustav trennen!

Trenner (erbost). So zerspring'! (Für sich.) Ich gäbet weiß Gott was dafür, wenn ich so ein' schönen Scheidungsgrund hätt'!

Em. Vielleicht ändert er sich, wenn Sie ihm die Sache begreiflich machen.

Trenner. Da kennst Du ihn schlecht! Bei diesem eingefleischten — das ist nicht das rechte Wort — bei diesem „eingemüsten" Vegetarianer hilft kein Zureden; der gibt seinen Speiszettel eben so wenig auf, wie Du Deine Tisch- und Sesselfußhoserln.

Em. Die sind doch nicht unanständig?

Trenner. Aber lächerlich! Mit einem Wort, Ihr seid Eins so verrückt wie's Andere!

Achte Scene.

Vorige, Koßmann.

Koßm. Richtig, ich hab' mich nicht getäuscht! Du bist es, Engerl! — Willst Du uns Gesellschaft leisten?

Em. Nein, lieber Gustav, ich komme, Dich nur zur Jause zu holen. Darf ich Dir heute wieder keinen Kaffee anbieten?

Kohlm. Wo denkst Du hin — Kaffee, viel zu aufregend! Nur ein Glas saure Milch, mein Graham-Weckerl, dazu gedörrte Zwetschken. Du glaubst nicht, was die gedörrten Zwetschken gut sein?

Trenner. Noch besser wär' ein Thee von abg'sottenen Disteln für so einen E—E—Ehemann, wie Sie sind!

Kohlm. Schwiegeronkel, glauben Sie mir —

Trenner. Lassen's mich aus, ich will nichts mehr hören, gehen Sie zu Ihrer Jausen, ich geh' auf die Kegelbahn!

Kohlm. (nimmt seine Frau am Arme, im Abgehen). Sie werden's bereuen, Schwiegeronkel! (Mit Emilie ab in's Haus).

Trenner. Ich bereu' es jetzt schon, (für sich) so einen Zwetschkenkrampus in meinem Hause zu haben. (Ab nach der Seite der Kegelbahn.)

Neunte Scene.

Carl in lichten Sommerkleidern tritt aus dem Hause.

Entrée-Lied.

1.

Weil ich den ganzen Tag nix thu'!
Von Früh bis auf die Nacht,
Keine Arbeit und kein G'schäft betreib',
Was nur Beschwerden macht,
So thun die Leut' ja g'rad a so,
Als ob ich gar nix wär',
Und bin ich, wie's ein Jeder weiß,
Vom Haus der junge Herr!

2.

Ich kann's beinahe alle Tag,
Mit eig'nen Ohren hör'n
Wie's schrei'n: „Aus dem wird a sein Leb'n
Niemals was Ornbtlich's wer'n!"
Doch scheer ich mich da gar net d'rum,
Was liegt mir an dem G'serr,
Deswegen bleib' ich allweil doch
Vom Haus der junge Herr!

Prosa.

Dummes Reden von die Leut'! — Glauben, weil ich den ganzen Tag nichts thu', bin ich auch nix! Als ob es nothwendig wär', daß man sich wie ein Kameel plagt, um etwas zu sein! Wenn ein Chef eine halbe Stund' im Bureau sitzt, seine Beamten anpfnurrt, einige Male seinen Namen unterschreibt, dann wieder geht, so ist das doch so viel wie nichts gethan — deswegen ist er aber doch Chef! — Und wenn ich den ganzen Tag Billard spiel', daß ich fast Hühneraugen auf die Finger krieg', dazu einen Gix um den andern mach' — so thu' ich doch was? — und da meine Freunde behaupten, ich wär' beim Tappen der größte Patzer — na also — so bin ich doch wer! Da red' ich nicht einmal von mein Verstand, obwohl ich die classische, wie die ganze Tingl=Tangl=Literatur im kleinen Finger hab' — bin zudem ausübendes Mitglied bei alle Geselligkeitsvereine — mache Stücke — schreibe Gedichte — verfasse Prologe, sind das nicht Roßarbeiten? Nehme ich dazu, daß ich der junge Herr vom Haus bin, so glaub' ich — thu' ich und bin ich g'nug für einen jungen Menschen — d'rum wie g'sagt — dummes Reden!

Zehnte Scene.

Voriger, Marie, mit einem Korbe, geht zum Tisch, um die Gläser ab= zuräumen, ohne Carl zu beachten.

Carl (für sich). Auch ein Gegenstand meiner Tages= beschäftigung! - Meine Elevin in der Anstandslehre — die mich zugleich bemüssigt, sie krampfhaft zu lieben! (Tritt zu ihr, nimmt sie um die Mitte.) Mein holdes Mutzerl, Du scheinst mich heute gar nicht berücksichtigen zu wollen?

Marie (macht sich los). Laß mich aus — ich bin nicht Dein Mutzerl — und brauch' diese Vertraulichkeiten nicht!

Carl. Ich hab' Dir aber erklärt, daß sich alle meine Gefühle vom leisen Schmerz der Nagelwurzen bis zur seligsten Wonne der Liebe auf Dich concentriren, warum also diese Sprödigkeit?

Marie. Mein Vater hat mich vom Land zum Herrn Vetter da hereingegeben, damit ich Stadtmanieren lernen soll. —

Carl. Ja, der Onkel hätte Gouvernantenstelle bei Dir vertreten sollen, da ihm aber die Zeit dazu mangelt, habe ich Deine Erziehung übernommen und ich hoffe, daß Du unter meiner Leitung bald vollkommen ausgebildet dastehst.

Marie. Ich hab Dir aber g'sagt, daß ich für einen solchen Lehrer mich bedank'. Ein Mensch, der den ganzen Tag nichts Vernünftiges thut, ist in meinen Augen eine Null.

Carl. Du meinst also unzurechnungsfähig? Was müßte ich aber anfangen, um aus diesem arithmetischen X Nix eine zählende Größe zu werden?

Marie. Ich verlange nicht, daß Du wie bei mir zu Haus die Bauern beim Ackern den ganzen Tag hinter'm Pflug auf und abgehst, die Felder anbaust, oder von Früh bis Abends dreschen sollst, das ist keine Stadtbeschäftigung —

Carl. Siehst Du, und doch verrichte ich sehr häufig diese ländlichen Arbeiten. Wie oft gehe ich, wie der Bauer hinter'm Pflug, hinter einer Schönen stundenlang auf der Ringstraßen auf und ab. Auch angebaut hab' ich bereits sehr viel, wie der Onkel bestätigen kann und beim Kartenspiel kannst Du die Bemerkung machen, daß wir manchmal dreinhau'n, wie die schönsten Drescher.

Marie. Mit Dir ist nichts Vernünftiges zu reden.

Carl. Außer über einen Gegenstand, nämlich über die Liebe; da gib ich dem Salomon an Weisheit ein Doublé vor.

Marie. Ueber so etwas haben wir Zwei schon gar nichts zu reden.

Carl. Wieso? Sollte Dir vielleicht schon ein Anderer über dieses Capitel Instructionen ertheilt haben?

Marie. Wenn es so wäre, habe ich Dir darüber keine Rechenschaft zu geben.

Carl. Marie, ich will nicht hoffen — meine Liebe zu Dir hat etwas tigerhaftes — und gefährlich ist's den Leu zu wecken. (Phantastisch.)

„Und wenn die Eifersucht erwacht
Mit ihrer Macht,
In finst'rer Nacht,
Wo alles kracht,
Nimm Dich in Acht!

Marie (lachend). Du kriegst Dein Dichter=Paroxismus, da wird's g'fährlich — ich mach' mich aus dem Staub! (Läuft mit dem Korbe ab.)

Carl. Da bleib! Merkwürdig, so oft ich in dichterische Extase komm, rennt Alles davon! Ich fühle, daß dieses ländliche Mädl die Leimspindel sein wird, an der ich picken bleib'.

Eilfte Scene.

Carl. Pflaminger. Frau Sterzer. Frau Schwammel. Pippler. Mehrere andere Parteien des Hauses.

Pflam. Ah, der junge Herr! Schamster Diener, Herr Carl!

Alle (unter Bücklingen). Diener! Küß die Hand!

Carl. Was seh' ich? Da versammelt sich ja das ganze Hofpersonal?

Pflam. Ja, wir sind die Parteien vom Hoftrakt und kommen, um mit'n Herrn Onkel zu reden.

Carl. Vielleicht eine Sturmpetition, da wird's gut sein, wenn ich einen Commissär zur Intervention hole, falls die Debatten für'n Onkel einen gesundheitsschädlichen Charakter annehmen sollten.

Pflam. Aber keine Rede, Herr Carl! Wir kommen im Gegentheil, um uns schönstens bei ihm zu bedanken.

Carl. Ah so, also eine Ovation! Hat g'wiß der Onkel wieder einen humanistischen Anfall g'habt — na gut, er ist auf der Kegelbahn — ich schick' ihn her!

Alle. Wenn wir bitten dürfen!

Carl (für sich). Schad', daß ich's nicht früher g'wußt hab, das wäre wieder eine Gelegenheit zu einem Prolog gewesen.

(Recitirt.)

„Versammelt siehst Du uns,
Du Hausherr voller Gnaden:
Es sind ja, wie Du weißt,
Die Menschen nicht Krowaten!

(Spricht.) Es wäre famos wor'n. (Ab.)

Fr. Sterzer. Also, Herr Pflaminger, bringen's Ihre Red' nur schön an.

Pflam. Sorgen's Ihnen nicht, ich hab's gar fein z'sammtipfelt, daß er g'wiß eine Freud' d'ran haben soll, denn er verdient's.

Fr. Schwammel. Na ob — da darf man wieder lang suchen, bis man einen Hausherrn find't, der's schriftlich gibt, daß man auch bei schlechten Zinszahl'n keine Angst haben darf, daß man die Auflag' kriegt.

Pippler. Er sieht's halt ein, daß's Leben und der Wein theuer ist!

Fr. Sterzer. Man müßt' rein vom Rindfleisch leben und kunnt' sich's ganze Jahr kein Gansl vergönnen, wenn man's Geld nur für'n Zins hingeben sollt'.

Fr. Schwammel. Mein Zinsgeld hat just g'reicht auf ein Ballkleid für meine Sali, sonst hätt's heuer mit ihren Liebhaber nicht einmal zum Schwender gehen können.

Pflam. D'rum ist's nicht mehr als billig, daß wir uns in corpore für das Circular bedanken.

Alle. Freilich, Freilich!

Pippler. Da kommt er!

Zwölfte Scene.

Die Vorigen. Trenner.

Trenner. Was ist's denn, Leutl'n, was gibt's denn? Habt's vielleicht ein Anliegen?

Pflam. (der sich räuspert). Hochschätzbarster Herr Hausherr! Wir sind da, um Ihnen den schönsten Dank zu sagen für die Einsicht, die Sie mit unserer bedrängten Lage haben und für die Nachsicht, die Sie uns beim Zinszahl'n beweisen. Ihnen verdanken wir's, daß wir unser trockenes Brod mit Ruhe essen können und nicht zu fürchten haben, auf die Straße geworfen zu werden. D'rum rufen wir aus vollem Herzen: „Hoch, dreimal hoch unser Herr Hausherr!

Alle. Hoch, unser Herr Hausherr!

Trenner. Schon gut, schon gut, es g'freut mich! Und was ich Euch schriftlich angezeigt hab', bei dem bleibt's. Von einer Kündigung habt's nix zu fürchten.

Fr. Sterzer. Wir werden fleißig für Ihnen beten.

Fr. Schwammel. Meine Sali stickt Ihnen ein Paar Pantoffeln!

Trenner. Pantoffel? (Für sich.) Wieder eine Anspielung auf mein Ehejoch. So was muß man sich g'fallen lassen. (Laut.) Also geht's, es ist schon gut!

Alle. Nochmals unsern Dank! Küß die Hand! Schamster Diener! (Unter Bücklingen ab).

Trenner (allein). Ich weiß, es sind die Meisten unter ihnen eine Bagasch, die lieber das Geld verpraßt und versauft, als daß sie Zins zahlt, aber sie sind das Mittel zu meinem Zweck. Meine Frau gift sich darüber und ich bring' sie dadurch vielleicht doch so weit, daß Sie sich vergißt und mir durch eine lebensgefährliche Drohung einen Scheidungsgrund gibt.

Dreizehnte Scene.
Trenner. Frau Mörtel.

Fr. Mörtel (ländlich gekleidet, ein Wickelkind am Arm, sieht sich verlegen um). Küß die Hand! Ich bitt' Euer Gnaden, ich weiß net, ob ich recht geh' —

Trenner. Das weiß ich auch net, wo will denn die Frau hin?

Fr. Mörtel. 's Haus wär' schon 's rechte, das hab' ich troffen, aber die rechten Leut' kenn' ich nicht.

Trenner. Wenn's in mein' Haus wohnen, wern's wohl z'finden sein.

Fr. Mörtel. Es ist mir g'sagt wor'n, ich soll ja vorsichtig sein, daß ich zu keine Unrechten geh'.

Trenne

Fr. Mörtel. Frau von Trenner heißt die Frau.

Trenner. Da sein's dann schon recht, ich bin der Herr von Trenner und die Sie suchen, ist meine Frau. Was wollen's von ihr?

Fr. Mörtel. So, Sie sein der Herr? Ich brauchet aber die Frau, weil mir g'sagt is wor'n, ich soll's nur der Frau geben.

Trenner. Was ist denn das so Wichtiges, was Sie ihr zu geben haben?

Fr. Mörtel. Na, da! (Hält das Kind hin.) Das Kind soll ich bringen.

Trenner (fast erschreckt). Was — das Kind — meiner Frau? Das muß ein Irrthum sein!

Fr. Mörtel. Nein, da auf dem Zettel steht die Adreß'. (Reicht ihm einen Zettel.)

Trenner (liest). Richtig, "Josefine Trenner!" Von wo kommt denn die Frau her?

Fr. Mörtel. Von Rutschenfeld; weil ich g'rad in die Stadt hereing'fahrn bin, haben's mich ersucht, ich soll's da her tragen.

Trenner (für sich). Von Rutschenfeld! Mir steigen schreckliche Gedanken auf — darum der langjährige Aufenthalt meiner Frau in Rutschenfeld — sollte sie — — Wer ist denn der Vater von dem Kind?

Fr. Mörtel. Die Frau Trenner kennt ihn schon; er ist Stationschef an der Eisenbahn — — Aber könnte ich nicht mit der Frau reden? Ich muß wieder fort.

Trenner. Das ist nicht möglich, sie ist nicht z'Haus! Kommt auch sobald nicht z'ruck; aber geben's das Kind her, es hat seine Richtigkeit, es g'hört schon her.

Fr. Mörtel. Da haben Sie's. (Gibt ihm das Kind.) Aber ich bitt', trinken müssen Sie's bald lassen, es wird schon durstig sein.

Trenner. Trinken — dummes Reden — als ob das nur so ging'!

Fr. Mörtel. Es braucht nur a bissel a Milli!

Trenner. Das weiß ich, daß's kein Heurigen trinkt.

Fr. Mörtel (gibt ihm ein kleines Bündel). Da ist auch eine Kindswäsch' drinn, wenn Sie's brauchen sollten.

Trenner. Sonst nix mehr?

Fr. Mörtel. So, ich geh'! Geben's nur gut Obacht, es is gar so viel a liab's Kinderl. (Geht ab.)

Trenner (allein). Ich bin ganz paff — meine Frau hat ein Kind — während ich glaub', sie sitzt auf'n Land, um sich zu erholen, knüpft sie Eisenbahnstationschefs-Verbindungen an und betrügt mich! Jetzt kann ich mir auch ihren heutigen Ausgang erklären — sie wollte das Kind heimlich in Empfang nehmen, aber die rächende Nemesis hat's mir in die Hand g'spielt — (Das Kind schreit.) Halt's Maul, wenn ich red'! — Jetzt ist der langersehnte Scheidungsgrund da — — Was fang' ich aber derweil mit dem Kind an? Trinken soll's — ich darf's net verdursten lassen, denn es muß vor Gericht als Kronzeuge auftreten. Es muß öffentlich bestätigen, daß meine Frau seine Mutter is! (Das Kind schreit.) Sei nur ruhig, Du kriegst ja was! (Schaukelt das Kind.)

2*

Vierzehnte Scene.

Voriger, Marie.

Trenner. G'rad recht, Marie — hast Du keine Kindermilch bei der Hand?

Marie (bemerkt das Kind, erstaunt). Um Gotteswillen, Onkel, was haben's denn da?

Trenner. Pst, schrei net so! Ein kleines Kind ist's! Aber ich brauch eine Milch, es hat Durst.

Marie. Ist's denn möglich? Wie kommt denn der Onkel zu dem Kind!

Trenner. Schicksalsfügung! Es wird Alles klar werden — schau nur, daß wir was z'trinken kriegen, es schreit ja!

Marie. Gleich bring' ich eine Milch. Nein, so was! (Eilt ab.)

Trenner. Es ist kein Zweifel, daß es ihr Eigenthum ist — es ist ihr ganzes G'sicht — die blinzleten Augen — das g'schnappige Göscherl — das g'stumpfte Naserl — ihre ganze Miniaturphotographie — — Das Verbrechen ist nicht zu läugnen. Der schreiende Beweis liegt auf der Hand und die Scheidung ist so viel wie perfect!

Fünfzehnte Scene.

Vorige, Marie, dann Carl.

Marie. So, da hab' ich Milch und eine Semmel!

Trenner. Recht — da nimm den Wurm und ätze ihn, gib ja acht auf ihn. — Dieses Kleine ist zu etwas Großem bestimmt.

Marie. Was soll ich denn dann mit ihm anfangen? (Hat das Kind genommen.)

Trenner. Geh' mit ihm in's Gartenhaus, verbirg ihn sorgfältig, damit Niemand seine Anwesenheit entdeckt. (Wichtig.) Und was ich Dir besonders auf die Seel' binde, sag' ja nicht, daß Du das Kind von mir hast.

Carl (tritt ein, hört den letzten Satz). Was hör' ich!?

Trenner. Es ist nothwendig, daß vorläufig Niemand weiß, von wem das Kind ist.

Carl (für sich, indem er sich versteckt). Ah, so was!

Trenner. Also geh jetzt hinein und pfleg' den Säugling wie eine Mutter.

Marie. Ich weiß nicht, mir ist angst und bang. (Ab in's Gartenhaus.)

Trenner. Ich hole jetzt die Zeugen zur Feststellung des Thatbestandes, der da heißt: complicirter Ehebruch! (Ab.)

Sechzehnte Scene.

Carl (tritt hervor, äußerst erstaunt). Ah — ah — ist das möglich — mein sittenstrenger Herr Onkel ist ein Solchener? (Erbittert.) Und sie, diese tugendheuchlerische Marie — diese Einfalt vom Lande, nährt Säuglinge! Aber dieser Betrug ist ihr nicht geschenkt — — Sie hat nicht nur meine Liebe, sondern auch unsere Familienehre touchirt, darum Rache! Rache!

Siebzehnte Scene.

Voriger, Fr. Trenner.

Fr. Trenner. Na ja — da steht er wieder! Weißt Du Dir keine Beschäftigung, Du Faullenzer?

Carl. Frau Tante, regen Sie sich nicht auf. Ich habe Ihnen ein Geständniß zu machen, das Ihre ganze moralische Kraft in Anspruch nimmt.

Fr. Trenner. Ich kenne Deine Geständnisse schon; hast wieder Schulden gemacht? Aber mach' Dir keine Rechnung, von mir hast Du nichts zu erwarten, als höchstens einen Buckel voll Schläg'!

Carl. Frau Tante, behandeln Sie mich nicht länger mehr als dalferten Buben. Ich bin heute zum Manne gereift, der für die Ehre des Hauses einzustehen hat.

Fr. Trenner. Du für die Ehre? Daß ich nicht lach'! Ja, Schand und Spott hat man von Dir zu erwarten!

Carl. Jawohl, Schand und Spott steht vor der Thür, aber nicht durch mich, sondern durch einen Andern.

Fr. Trenner. Inwieferne? Heraus mit der Sprach', wenn's etwas Vernünftiges ist — willst Du Dir aber einen Spaß machen, so gib' acht, was Dir g'schieht!

Carl. Wenn Sie finden, daß meine Aussag' Schläg' verdient, dann geniren Sie sich nicht — — Wie aber soll ich's sagen; die Angelegenheit ist so delicater Natur, daß ich mich beinah' scham', es zu sagen.

Fr. Trenner. Muß etwas Sauberes sein!

Carl. Also so vernehmen Sie: Die Marie, die zu ihrer Ausbildung nach Wien kommen ist, hat es bereits dahin gebracht, daß sie Mutter eines kleinen Säuglings ist.

Fr. Trenner (erstaunt). Was, die Marie? Unsere Marie? O, Du nichtswürdiger, elender Bub'! Ich hätt' gute Lust — (Geht mit erhobener Hand auf ihn zu.)

Carl (zurückweichend). Aber Tante, ich bin ja nicht Derjenige — was glauben's denn von mir? Es ist ja ganz ein Anderer!

Fr. Trenner. Red', wer ist dieser elende Verführer, der das arme Wesen in's Unglück gebracht hat?

Carl. Ich weiß nicht, ob ich ihn nennen soll —

Fr. Trenner. Ich will's wissen, heraus damit!

Carl. Sind Sie aber auch stark genug, diesen Namen zu hören?

Fr. Trenner. Frag' nicht so viel und sag', wer ist der Elende?

Carl. Es ist unglaublich, aber es ist so — der Verführer ist Niemand Anderer als der Onkel!

Fr. Trenner (perplex). Was? — Mein Mann?

Carl. Ja, er persönlich!

Fr. Trenner. Du impertinenter Bursch, solche Sachen bringst Du Deinem braven Onkel auf? Na, freu' Dich! (Droht ihm.)

Carl. Aber ich hab's ja von seinem eigenen Munde gehört, wie er zur Marie g'sagt hat: sie darf's nicht sagen, daß sie das Kind von ihm hat.

Fr. Trenner. Schweig! Kein Wort mehr: es ist nicht wahr, sag' ich Dir!

Carl. Aber ja, dort im Gartenhaus ist die Marie sammt dem Sprößling!

Fr. Trenner (für sich, immer in Aufregung). In mir glüht Alles, ich darf's aber dem Buben nicht zeigen! (Laut.) Ich sag' Dir aber, es ist ein Irrthum, wir werden's ja sehen! (Geht an's Gartenhaus und ruft zur geöffneten Thür hinein.) Marie, komm' heraus!

Achtzehnte Scene.

Vorige. Marie.

Marie (verlegen). Frau Tant'? —

Fr. Trenner (ernst). Was soll das heißen mit dem Kinde?

Marie. Frau Tant' — ich kann nichts dafür!

Carl (höhnend). Ha, ha! Sie kann nichts dafür!

Fr. Trenner. Von wem ist das Kind?

Marie (immer verlegener). Ich soll's nicht sagen — aber Sie schau'n so bös drein!

Fr. Trenner. Keine Umständ, ich will wissen, von wem hast Du das Kind?

Marie (zögernd). Vom Onkel!

Carl. Hab' ich's nicht g'sagt?

Fr. Trenner (für sich). Also doch! (Laut.) Genug, das Kind schlaft, so viel ich g'seh'n hab', es kann indeß dableiben. (Zu Marie.) Mit Dir aber hab' ich zu reden — komm' mit — ich will Alles wissen und hoff', Du wirst mir die Wahrheit sagen! (Ab in's Haus, Marie folgt ängstlich.)

Carl (ihr nachrufend). Geh' hin, geknickte Lilie, ich verwerfe Dich, ein deutscher Jüngling! Ich war aber ganz Mephisto. — Um den Onkel ist mir leid — aber dieser entlarvten Lucretia vergönn' ich's, — denn sie hat mich tief verletzt, und wenn ich etwas wüßte, worüber sie sich kränkt, ich thät' ihr's an; aber was? — Wie, wenn ich — ha! Alle G'schichten der schwarzen Leihbibliothek tauchen vor mir auf — ja, das ist das Wahre! (Mit gedämpfter Stimme.) Kindesraub! — Ich schnipf ihr den unmündigen Pamperletsch, der mir meine Zukunft vernichtet hat! Es bleibt dabei — fort mit ihm! (Nimmt die dunkle Tischdecke, wirft sich selbe als Mantel um.) Im Mantel gehüllt, wie ein italienischer Bandit, schleiche ich zur verruchten That! (Sieht sich um.) Niemand hier, frisch an's Werk! (Geht in's Gartenhaus, kommt sogleich mit dem Kinde zurück, das er in den Mantel gehüllt.) So — ich habe ihn — und jetzt g'schwind fort damit! Sie soll den Säugling nicht mehr sehen, und müßt' ich ihn am eigenen Busen nähren! (Ab.)

Neunzehnte Scene.

Trenner, Putzke, Flotter, Schwertling, noch drei Herren.

Trenner. Wie gesagt, meine Freunde, das specis facti ist constatirt, der Grund zur Scheidung ist da. Es handelt sich nur noch um das eigene Geständniß meiner Frau, und das werde ich ihr herausinquiriren! Ihr sollt bei dieser Verhandlung die Zeugen sein, um nöthigenfalls bei Gericht ihre Aussage zu bestätigen.

Flotter. Zähle ganz auf uns!

Putzke. Für Dich lege ich jede Stunde ein Jurament ab.

Schwertl. Wir bestätigen Alles!

Trenner. Das hat was gebraucht, bis ich mein Ziel erreicht hab', aber jetzt ist es da! In vierzehn Tagen ist das Ehejoch abgeschüttelt und betrachte mit Verachtung Alle, die noch unter'm Pantoffelregiment stehen.

Zwanzigste Scene.

Vorige, Kohlmann.

Kohlm. (eilig). Schwiegeronkel, was habe ich immer gesagt — sehen Sie's jetzt ein! ~~Alles Folgen vom Fleischgenuß~~! — Jetzt werden Sie meine Nahrungsmethode respectiren — da haben Sie 's Büchl. (Reicht ihm die Brochure.)

Trenner. Was haben Sie denn? Sind Ihnen die Fisolen in Kopf g'stiegen, daß's so ein' Kaschernat z'samm'reden?

Kohlm. Alles ist entdeckt! Die Marie hat gestanden, es wird eine scandalöse Familienscene geben. Ich bitt' Ihnen, nehmen's ein paar Zwetschken, die beruhigen. (Reicht ihm selbe).

Trenner. Wenn's nicht vernünftig reden, nimm ich Ihnen selber, aber ohne Beruhigung!

Kohlm. Gleich wird sie da sein, ich bin voraus geeilt, um Sie aufmerksam zu machen. — Essen's eine Pomeranze, sonst steh' ich für nichts! (Reicht ihm eine solche, drängt sie ihm auf.)

Trenner (schlägt ihm selbe aus der Hand). Himmelsapperment, lassen's mich aus, oder —

Kohlm. (bemerkt die Eintretenden). Da kommt sie!

Trenner. Aha, sie ist da!

Einundzwanzigste Scene.

Vorige, Frau Trenner, Marie, Emilie.

Kohlm. (leise zu Trenner). Ich bleib' auf Ihrer Seiten, schieben Sie nur Alles auf den Fleischgenuß, das kann Sie retten!

Em. (zu Frau Trenner). Ja, Tante, da müssen Sie ernstlich reden, wenn das überhand nähme, könnte am Ende auch mein Gustav...

Fr. Trenner. Es soll ihm nichts geschenkt werden.

Trenner (zu den Freunden). Jetzt aufgepaßt, das Gericht beginnt!

Fr. Trenner. Du, Felix, ich hab' Dir etwas zu sagen, das Du vielleicht lieber unter vier Augen hörst.

Trenner (zu seinen Freunden). Aha, sie will gestehen! (Laut zu Frau Trenner.) Zu den Erörterungen, zu denen es jetzt kommen soll, wird es gut sein, wenn wir Zeugen haben.

Fr. Trenner. Wie Du willst — ich hab' Dich nur schonen wollen.

Trenner. Das hättest Du früher thun sollen, bevor die That geschehen.

Fr. Trenner. Ich hab' Dir keine Veranlassung gegeben, die Dich zu dieser Schlechtigkeit gezwungen hat.

Trenner. Diese Bemerkung ist ganz unrichtig angebracht, denn die Schuldige bist Du!

Fr. Trenner. Ich? — Aha, Du hast es darauf abgesehen, mich zu verdächtigen, um Dich rein zu waschen — ich sag' Dir aber — Du bist der Nichtswürdige, der meine aufopfernde Liebe mit Undank belohnt hat!

Trenner. Ah — ah — so was! Willst Du's vielleicht leugnen, verbrecherisches Weib, daß Du hinter meinem Rücken sträflichen Umgang mit Stationsvorständen hast?

Fr. Trenner. Ich? Diese Unverschämtheit geht zu weit!

Trenner. Jawohl, sie geht bis hinauf nach Rutschenfeld! — Du siehst, ich weiß Alles, und auch die lebendigen Folgen dieses Umganges sind in meiner Hand!

Fr. Trenner. Mich führst Du durch Deine Frechheit nicht irre! — Die Beweise Deiner Treulosigkeit liegen da im Gartenhaus!

Trenner. Jawohl, dort liegt das corpus delicti Deiner Schuld in Gestalt eines kleinen Kindes!

Fr. Trenner. Das Dir gehört!
Trenner. Nein, das Dir gehört!
Fr. Trenner. Marie, wer hat Dir das Kind gegeben?
Marie (schüchtern). Der Herr Onkel!
Trenner. Ja, aber es ist mir als Dein Eigenthum zugeschickt worden, und kurz und gut, das Kind muß Dein gehören!
Fr. Trenner. Nein, Dein ist's! Dein! Dein!
Trenner. Dein, Dein!

Zweiundzwanzigste Scene.

Vorige, Herr Liebner und seine Frau Bertha. Carl von der Seite durch den Haupteingang.

Bertha (erblickt beim Eintritte Frau Trenner, eilt auf sie zu). Ach, theure Freundin, da find' ich Dich ja!
Fr. Trenner. Was seh' ich, Du hier in Wien? Das ist eine freudige Ueberraschung!
Liebner (reicht Frau Trenner die Hand). Gnädige Frau, ich bin sehr erfreut, Sie wieder zu sehen!
Fr. Trenner. Sind Sie mir vielmals willkommen!
Trenner. Darf ich fragen, wer uns eigentlich die Ehre gibt? Ich bin der Mann meiner Frau!
Liebner. Sehr angenehm! Ich bin Stationsvorstand Liebner aus Rutschenfeld!
Trenner (frappirt). Stations —
Liebner. Ich habe das Vergnügen, Ihre Frau Gemalin von dort her zu kennen.
Trenner. So, so! (Für sich.) Frechheit ohne Gleichen! Er wagt sich bis in's Haus! (Laut zu ihm.) Ich habe schon die Ehre, Sie theilweise in verkleinertem Maßstabe zu kennen.
Liebner. Ich bin überzeugt, daß Sie es nicht übel nehmen; ich wußte, daß das Kind bei Ihrer lieben Frau am besten aufbewahrt ist.
Trenner (ironisch). Freilich, freilich, nur nicht geniren!
Bertha (zu Frau Trenner). Stelle mich doch Deinem Manne vor.
Fr. Trenner (vorstellend). Frau Liebner, die Gattin dieses Herrn, meine liebe Bekanntschaft aus Rutschenfeld!
Trenner. Was, Sie sind die Frau dieses Herrn?
Bertha. Gewiß!

Trenner. Bedaure sehr — ah, gratulire wollt' ich sagen! (Für sich.) Also doppelter Ehebruch!

Liebner (zu Frau Trenner). Was sagen Sie zu unserm lieben kleinen Adolf?

Trenner (für sich). Ihren Adolf! Unerhört!

Fr. Trenner. Was soll ich sagen? Ich hab' ihn ja noch gar nicht gesehen!

Bertha. Wie? Frau Mörtel hat ihn ja hergebracht!

Fr. Trenner. Frau Mörtel?

Bertha. Ich bin mit meinem Mann in die Stadt hereingefahren und wollte meinen kleinen Adolf nicht zu Hause lassen. Da wir aber einen nothwendigen Besuch zu machen hatten, zu dem ich das Kind nicht mitnehmen konnte, so schickte ich Dir dasselbe mit der Bitte, den Kleinen ein paar Stunden bei Dir zu behalten. Da Du nicht zu Hause warst, hat Frau Mörtel das Kind Deinem Mann übergeben. Nicht wahr, Herr Trenner, Sie haben das Kind übernommen?

Trenner (perplex). Ich — das heißt — (Für sich.) Das ist Betrug! Einverständniß! Man will mir meinen Scheidungsgrund entreißen! (Faßt Bertha bei der Hand, leise.) Madam', wissen Sie gewiß, daß das Kind Ihnen gehört?

Bertha. Mein Herr — diese Frage —

Trenner. Denken Sie nach, es könnt' doch vielleicht ein Irrthum —

Bertha. Ich verstehe Sie nicht! Es ist mein Kind, mein Adolf! Wir wollen Sie nun nicht länger damit belästigen; wo ist das Kind?

Fr. Trenner. Liebe Freundin, die Sache hat seine Richtigkeit, das Kind ist gut verwahrt. Marie, hole es dort aus dem Gartenhaus!

(Marie geht in's Gartenhaus.)

Trenner (für sich). Niederträchtig, nicht einmal auf ein kleines Kind kann man sich mehr verlassen!

Marie (stößt im Gartenhaus einen Schrei aus, stürzt heraus). Um Gotteswillen, das Kind ist weg!

Liebner und Bertha. Unser Adolf!

Fr. Trenner. Was, nicht mehr dort?

Liebner (faßt Trenner). Herr, wo ist mein Kind? Sie haben es unterschlagen, geraubt!

Trenner. Warum nicht gar! Schau'n Sie mich für'n Krampus an, der Kinder stiehlt?!

(Carl schleicht ab.)

Liebner. Wenn Sie es nicht zur Stelle schaffen, Herr, so bring' ich Sie um!

Trenner (macht sich los). Was denn nicht noch?!

Bertha (jammernd). Ach, unser armes Kind!

Em. Wo sollen wir es suchen? (Alle in Aufregung.)

Dreiundzwanzigste Scene.

Vorige, Carl.

Carl (mit dem Kinde, das noch mit Heu umgeben ist). Sein's nur ruhig, da ist er schon, der kleine Confusionsrath!

Liebner und **Bertha** (nehmen das Kind). Er ist es, unser lieber Adolf!

Fr. Trenner. Wie kommst denn Du dazu?

Carl. Ich hab' glaubt, er wird im Gartenhaus hungrig, da hab' ich ihn in's Stallerl zu die Küniglhasen g'legt!

Bertha. Weil ich nur mein Kind wieder hab'!

Kohlm. (mit Liebner vor). Mein Herr, Sie haben ein zu hitziges Naturell — sind ohne Zweifel Fleischesser, ich empfehle Ihnen die Broschüre. (Gibt sie ihm.)

Liebner. Worüber?

Kohlm. Ueber die wohlthätige Wirkung des Vegetarianismus.

Carl (zu Marie). Marie, kannst Du mir verzeihen?

Marie. Was soll ich Dir denn verzeihen?

Carl. Daß ich ein Esel war!

Marie. Das ist Dir angeboren, Du kannst ja nichts dafür!

Fr. Trenner. Für die ausgestandene Angst trinken's jetzt bei mir Kaffee! (Mit Bezug auf Trenner.) Wir haben ja Jedes Ursache zufrieden zu sein!

Trenner. Nur ich nicht! — Denn ich steh' wieder da ohne Scheidungsgrund!

(Musik fällt ein.)

Ende des ersten Actes.

Zweiter Act.

Einfaches Zimmer bei Trenner. Im Prospect zwei Thüren, wovon die rechts als allgemeiner Eingang benützt wird, während die links offen steht, wodurch man die Aussicht in eine hübsch ausgestattete Küche gewinnt. An der Wand hängen diverse Backformen, Pfannen 2c. Auch ein Küchenschrank ist sichtbar, in dem eine Kaffeemaschine, Flaschen, Gläser 2c. stehen. Nächst dem Eingang in der Küche steht ein praktikabler Kochherd, auf dem Töpfe und Casserolen stehen. Im Zimmer links und rechts je eine Seitenthür. Zu beiden Seiten vorne ein Tisch mit verschiedenen Kochgeräthen. Einige Sessel.

Erste Scene.

Trenner, Kohlmann, Marie, Lieschen.

(Trenner steht an dem Tische links und walkt auf einem Nudelbrett einen Teig aus, den er zeitweilig umkehrt, mit Mehl bestäubt und wieder walkt. Marie und Lieschen putzen Grünzeug an dem Tisch rechts. Kohlmann ist in der Küche beschäftigt.)

Trenner (in weißer Schürze und Jacke.) Tummelt Euch nur, Madeln, mit'n Saurampfen putzen, ich bin mit'n Strudelteig gleich fertig!

Marie. Aber Herr Vetter, ich begreif' gar net, wie sie sich mit'n Kochen so plagen mögen, es is doch die Frau Tant' da!

Trenner. Das verstehst Du net! Was meine Frau kocht, ist nicht das Wahre. Ich bin zur Einsicht gekommen, daß der Vegetarianer-Speiszettel der Gesundheit am zuträglichsten ist; darum wird auch darnach gekocht.

Marie. Es hat Ihnen aber das Essen von der Tant' auch immer gut ang'schlagen und sind g'sund dabei blieben!

Trenner. Jetzt aber wird mein Magen schwächer, er braucht verdaulichere Speisen, Linsen, Fisolen, Umurken, böhmische Erbsen, mit einem Worte leichte Nahrung!

(Lieschen mit dem geputzten Grünzeug in die Küche ab.)

Marie (steht auf). Was kochen's denn heut'?

Trenner. Heut' kriegen wir ein' Saurampfenstrudel!

Marie. Da iß ich net mit, Herr Vetter, den mag i net!

Trenner (für sich). Ich a net! Ich iß im Wirthshaus mein Schnitzel und trink mein Wein. Aber durch diesen scheinbaren Uebertritt zum Grünfutter hab' ich vorläufig die Scheidung vom Tisch erreicht — 's Bett wird nachkommen! Ich weiß, meine Frau gift sich, wenn ich ihr Essen verschmäh', denn sie is stolz auf ihre Kochkunst und sie hat auch das Recht dazu, denn sie kocht famos; so kann sich leicht ein vollständiger Scheidungsgrund herauswachsen. (Ruft zur Küche). Was ist's denn, Kohlmann, sind die Schwammerln bald fertig?

Kohlm. (aus der Küche mit einem Einbrennpfandl, in welchem er mit einem Kochlöffel umrührt). G'rad mach' ich die Einbrenn!

Marie (zu Kohlmann). Sie könnten auch Ihre Frau kochen lassen!

Kohlm. Sie will mir meine vorschriftsmäßigen Speisen net machen — ich soll Beefsteak und Rindsbraten essen! Sie sieht net ein, daß jeder fleischliche Genuß den leiblichen Organismus verdirbt!

Marie. Ich seh's auch net ein und glaub', daß ein guter Lungenbraten viel nahrhafter is, als ung'schmalzene Salatpletschen!

Kohlm. Du bist noch zu unerfahren, um über die schädlichen Wallungen des Blutes, erzeugt durch animalische Stoffe, urtheilen zu können!

Marie. Aber der Mensch soll doch anders leben, als die Küh' und Ochsen, die auch nur Grünzeug verzehren.

Kohlm. Das eben liefert den Beweis von der Vorzüglichkeit der Pflanzenkost; was liegt für eine Kraft in so einem Bräuhausochsen! Und dazu hoff' ich es auch noch zu bringen.

Trenner. So ist's! Und ich will Zug für Zug an Ihrer Seite sein!

(Geräusch in der Küche.)

Marie. Es geht was über!

Kohlm. Das sind die Schwammerl! (Eilt in die Küche ab.)

Trenner (halb für sich, indem er mit Aufregung walkt, entrüstet den Flecken Teig umwendet und Mehl in großen Wolken darauf stäubt). Es müßt' doch mit dem Teufel zugehen, wenn sich kein Grund finden sollt', der mir meine Freiheit gibt! — Ich will einmal nimmer verheiratet sein — weil ich nicht will! — Giftsapperment noch einmal!

Zweite Scene.
Vorige, Flotter, Putzke.

Flotter. Guten Tag, Freund Trenner!

Trenner. O Servus, Freunde! (Reicht ihnen die Hand.)

Putzke. Herrje, wat machen Sie denn hier?

Trenner. Eine kleine geistige Zerstreuung! Ich hab' nämlich auch zur Fahne des Vegetarianismus geschworen und da unsere Speisen nicht sorgfältig genug zubereitet werden können, so muß man selbst Hand anlegen. Ihr seid eingeladen zum Mittagessen!

Putzke. Na, Freund, zu so 'nen Quatsch kriegen Sie mir nicht!

Flotter. Diese Bekehrung muß erst heute stattgefunden haben, denn gestern hast Du im Gasthaus Deinen Braten mit größtem Gusto verzehrt.

Trenner (tritt zwischen Beide, führt sie geheimnißvoll vor, indem er Jedem seine mehlbestäubte Hand auf den Rücken legt, wodurch sich dieselbe auf ihren dunklen Röcken abdrückt). Es ist ja eigentlich nur ein Pflanz, den ich meiner Frau vormache, um sie zu ärgern!

Putzke und Flotter (lachend, zugleich). Sehr gut, famos!

Trenner (Beide mit seiner bestäubten Hand auf die Brust klopfend). Nicht wahr, pfiffig? Ich bin ein verfluchter Kerl!

Flotter. Wir sind eigentlich gekommen, zu fragen, ob heute die Kegelpartie bei Dir stattfindet.

Trenner. Jedenfalls, Nachmittags drei Uhr.

Putzke. Adieu, Freund! Mahlzeit zum Grünfutter!

Trenner. Gleichfalls zum Schweinsbraten! Kommt's nicht zu spät!

(Flotter und Putzke ab.)

Trenner. Wenn neulich die Kinderg'schicht nicht mißlungen wäre, brauchet ich mich nicht mit'n Strudelteig zu plagen und wäre heute schon ein freier Mann!

Dritte Scene.

Vorige, Lieschen.

Lieschen. Der Herr Doctor Geyer ist hier!

Trenner. So? Ich laß ihn bitten, da her zu kommen. (Lieschen ab; indem er seine Schürze und Jacke ablegt und seinen Rock anzieht.) Marie, geh' in die Küche, ich laß den Herrn Kohlmann sagen, er soll mich nicht stören, ich muß den Doctor consultiren.

Marie (mit dem Grünzeug). Ich bin ohnehin fertig! (Ab.)

Trenner. Vielleicht bringt er mir heut' das rechte Mittel; alle bisherigen haben ihre Wirkung verfehlt.

Vierte Scene.

Voriger, Dr. Geyer, Lieschen, dann Frau Trenner.

Lieschen. Bitte, hier ist der gnädige Herr! (Ab.)

Trenner. Diener, Herr Doctor! Sie entschuldigen schon, daß ich Sie im Kuchelzimmer empfange, wir können aber hier am ungestörtesten reden.

Geyer. Thut nichts zur Sache, die Expensen bleiben sich gleich!

Trenner. Das denk' ich auch! Bitte Platz zu nehmen! (Beide setzen sich, Geyer zieht seine Schreibtafel, sieht nach seiner Uhr und notirt.) Kommen wir also gleich auf unsere Angelegenheit.

Geyer. Ganz recht. — — Welche Wirkung hatte mein ertheilter Rath einer in flagranti ertappten Untreue Ihrer Frau?

Trenner. Da sind wir schön aufgesessen! Ich hab' Ihnen aber gleich gesagt, daß das nicht gehen wird, da kenn' ich ja meine Frau. Einer meiner Freunde hat sich zu diesem Verführungsstückel hergegeben, hat alle seine Liebenswürdigkeit aufgeboten, meine Frau zu verführen, was war die Folge? Daß er sechs Tage mit'n g'schwollenen G'sicht umgangen ist!

Geyer. So — so — mit diesem Vorschlag war nichts zu erreichen?

Fr. Trenner (tritt ein, mit einem Regenschirm in der Hand, grüßt leicht den Doctor, der dankt). Dienerin! (Zu Trenner). Wo hast Du denn Deinen neuen Regenschirm?

Trenner. Im Schlafzimmer wird er stehen.

Fr. Trenner. In's Schlafzimmer g'hört er aber nicht, Du weißt aber doch, wo sein Platz ist? (Ab.)

Geyer. Das ist wohl Ihre Frau Gemalin?

Trenner. Ja, das ist sie, an die ich zeitlebens gekettet bin!

Geyer. Nachdem also der erste Versuch nicht zum Ziele führte, sind wir genöthigt, ein anderes Mittel in Anwendung zu bringen.

Trenner. Ich bitt', Herr Doctor, ich laß mir's recht gern was kosten.

Geyer. Es ist zwar die Auswahl in solchen Fällen nicht groß. —

Trenner. Leider, sonst hätt' ich gewiß selber etwas gefunden.

Fr. Trenner (tritt ein). Der Regenschirm ist auch dort nicht; jetzt frag' ich Dich, wo Du ihn hast?

Trenner. Vielleicht hab' ich ihn im Eßzimmer weggestellt.

Fr. Trenner. Nein, jetzt stellt der Mensch den Regenschirm in's Eßzimmer! Willst Du ihn vielleicht als Gabel benützen? (Ab.)

Trenner. Was sagen Sie zu einer solchen Tyrannerei?

Geyer. Ist sie immer so heftigen Temperamentes?

Trenner. Immer g'rad net, aber alle Wochen a sieben Tag' kann man schon annehmen.

Geyer. Hm! Diese Aufgeregtheit könnte zu einem prächtigen Casus belli Veranlassung geben.

Trenner. Wie meinen Sie das, Herr Doctor?

Geyer. Irgend eine schwere Mißhandlung ist nach unseren Gesetzen ein rechtsgiltiger Grund zur Scheidung.

Trenner. So?

Geyer. Bei dem Temperament Ihrer Frau scheint es keine Schwierigkeiten zu haben, eine solche That herbeizuführen. Wäre es auch nur ein Schlag — eine Ohrfeige —

Trenner. Sie glauben, ich soll meine Frau — (macht die Pantomime des Schlagens). Na, na, das thu' ich nicht, da hätte ja sie einen Grund zum Scheiden und das will ich nicht. Ich muß ihn haben, um vor der Welt als Märtyrer dazustehen.

Geyer. Dann können Sie es ja veranlassen, daß sie Ihnen —

Trenner (einfallend). Eine gibt! Das ist was — dabei bleiben wir — sie muß mir Eine geben. Heute noch — in einer Viertelstunde soll meine Wange Zeugenschaft davon ablegen.

Geyer (schreibend). Einen Rath ertheilt —

Trenner. Herr Doctor, das ist der beste Rath, den sie je einem Clienten gegeben haben — Sie sollen mit mir zufrieden sein. (Stehen auf).

Geyer. Sie werden es auch mit mir sein. (Reicht ihm das Papier.) Hier vorläufig eine kleine Note.

Trenner (nimmt das Papier und liest).

Eine wichtige Mittheilung erhalten. . . 15 fl.
Eine Besprechung darüber . . . . . . 15 „
Einen Rath ertheilt. . . . . 10 „
Schreibgebühr . . . . 2 „
Ein Wagen . . . . 5 „
Summa 47 fl.

Nur? (Höhnisch.) Haben's nicht noch was vergessen?

Geyer. Ich wüßte nicht.

Trenner. Für eine zehn Minuten lange Unterredung nur 47 Gulden, das kommt mir halt so wenig vor. (Gibt ihm Geld). So, da haben's einen Fünfziger, da krieg' ich drei Gulden zurück?

Geyer (das Geld einsteckend). Sie sind im Irrthum. 47 Gulden macht die Note, 1 Gulden Schreibgebühr, 1 Gulden die Quittung und 1 Gulden für die jetzige Aufklärung, macht zusammen netto 50 Gulden.

Trenner (für sich). O, Du Grasel!

Fr. Trenner (tritt ein). Im Eßzimmer ist der Regenschirm auch nicht; ich habe alle Winkeln durchsucht, er ist nirgends zu finden.

Trenner. Am End' hab' ich ihn im Kaffeehaus stehen lassen.

Fr. Trenner. Da haben wir's. Jetzt sind wieder 10 Gulden hin! Bei so einer Wirthschaft muß man zu Grunde gehen.

Geyer. Gnädige Frau haben da einen Schirm in der Hand, ist es etwa dieser?

Fr. Trenner (besieht ihn). Ih —

Trenner (der ihn auch besieht). Freilich ist's mein Schirm!

Fr. Trenner (zu Geyer). Warum haben Sie denn das nicht gleich gesagt, wenn Sie's gesehen haben?

Geyer. Ich habe nur vermuthet —

Fr. Trenner. Kümmern Sie sich um Ihre Angelegenheiten und mischen Sie sich nicht in fremde, die Ihnen nichts angehen.

Trenner. Aber Pepi!

Geyer. Gnädige Frau!

Fr. Trenner. Gnädige Frau hin, gnädige Frau her, ich leide keine fremden Einmischungen in mein Haus, haben Sie mich verstanden? (Ab.)

Trenner. I bitt', Herr Doctor, nehmen Sie's meiner Frau nicht übel, sie hat wahrscheinlich eine Spur, warum Sie da sind.

Geyer. Ich verlasse Sie jetzt und werde mich gelegentlich um das Resultat meines Rathes erkundigen.

Trenner. Ich bin im Voraus überzeugt, daß er seine Wirkung thut.

Geyer. Ich habe die Ehre!

Trenner (begleitet ihn unter Complimenten). Unterthänigster Diener, Herr Doctor! Nochmals meinen Dank! (Mit Doctor ab).

Trenner (tritt vor, reibt sich vergnügt die Hände). So muß's geh'n! Ein leichteres Mittel gibt's nicht mehr. O, ich weiß, daß auf ja und nein mein G'sicht als g'schwollener Zeuge gegen sie auftritt. Vielleicht wirft mir die Kocherei schon den ersehnten Pracker ab. (Nimmt die Schürze wieder vor.) Also fahren wir fort. (Ruft in die Küche). Kohlmann bringen's die Strudelfüll, der Teig ist fertig!

Fünfte Scene.

Trenner. Kohlmann, dann Emilie und Frau Trenner.

Kohlm. (bringt gekochtes Grünzeug, das er auf den Teig schüttet und mit einem Kochlöffel auseinander streicht. Trenner ist ihm behilflich, sie rollen den Teig zusammen und legen ihn in eine Pfanne). Da bin ich schon! So jetzt nur schön auseinander streichen, sonst wird er stellenweis' trocken.

Trenner (indem er einen Kochlöffel voll Grünzeug auf den Teig schleudert). Geben's da auch noch a Batzl her, daß er recht saftig wird.

Kohlm. Das wird ein Essen für Götter!

Trenner. Und sehr dauerhaft, den Strudel bringt man vierzehn Tag net aus'n Magen. (Sind eifrig beschäftigt.)

Em. (mit Frau Trenner im Eintreten). Da sehen Sie nur, Tante, er kocht schon wieder. Ist das nicht kränkend für mich?

Fr. Trenner. Laß sie gehen, diese Narren, wenn sie sich einmal ordentlich den Magen verdorben haben, werden sie mit Vergnügen zu unseren Fleischtöpfen zurückkehren.

Kohlm. (mit der Pfanne). So, also in die Röhr'n damit! (Wendet sich zum Gehen.)

Em. Aber lieber Mann, wirst Du denn nicht diese alberne Idee aufgeben und endlich an meinem Tische essen?

Kohlm. Engerl, bedenk doch, daß es nur zu Deinem Vortheil ist, denn diese Nahrung verlängert das Leben und so wirst Du bis in's späteste Alter einen riegelsamen Mann haben.

Trenner. Und wer damit nicht einverstanden ist, dem steht's ja frei, sich scheiden zu lassen.

Fr. Trenner. Wenn man bei jeder Dummheit, die ein Mann macht, davon laufen wollt, gäbet es lauter getrennte Ehen — es vergeht ja kein Tag bei Euch ohne Plutzer!

Kohlm. Komm, liebes Weiberl, zu mir in die Kuchel, da wirst Du Dich überzeugen, daß solche Speisen das wahre Lebenselixir sind.

Em. Aber ich kann sie nicht vertragen.

Kohlm. Es kommt nur auf einen Versuch an, in ein paar Jahrln hast Du Dich g'wiß daran gewöhnt.

Em. Ich möchte Dir gern Deinen Willen thun, weil ich Dich lieb hab', aber ich kann meine Rostbeef nicht entbehren. (Beide ab in die Küche.)

Sechste Scene.

Herr und Frau Trenner.

Trenner. Was sagst Du zu diesem Eigensinn? Das scheint ein Erbübel Eurer Familie?

Fr. Trenner (für sich). Er will mich in Zorn bringen, es soll ihm aber nicht gelingen. Ich will gerade recht nachgiebig sein, um seiner fixen Idee keinen neuen Stoff zu geben.

Trenner (für sich). Sie simulirt schon, gleich wird's Wetter losbrechen! Noch ein paar Blitzer und der Einschlag ist da. (Markirt einen Schlag.)

Fr. Trenner. Du haſt Dich alſo auch den Pflanzen=
täuern angeſchloſſen?

Trenner. Ja, ich bin Vegetarianer und Alles im Haus
muß meinem Beiſpiel folgen.

Fr. Trenner. Du, der größte Fleiſchenthuſiaſt, das iſt
zu dumm — kaum glaublich, wollt' ich ſagen!

Trenner (für ſich). Es gährt ſchon! (Laut.) Ja, und von
heut' an kommt kein Fleiſch mehr in unſer Haus, nur die
Pflanzenkoſt wird uuſere Nahrung ſein. (Hält ihr das Geſicht
hin, für ſich.) Jetzt wird's kommen.

Fr. Trenner. Endlich einmal ein vernünftiger Beſchluß.
Ich muß Dir geſteh'n, ich hab' die Broſchüre geleſen, hab'
einige Tage dieſe Speiſen verſucht und bin ganz damit ein=
verſtanden.

Trenner (verblüfft). So—o?!

Fr. Trenner. Ich fühle mich recht wohl darauf, ſo
ruhig, ſo nachgiebig —

Trenner (für ſich). Nachgiebig, das wär' mir nicht lieb.

Fr. Trenner. Ich glaub' auch, daß ſich durch dieſe
Nahrung Dein aufbrauſendes Weſen und Deine fixe Idee,
die ohne Zweifel durch den Fleiſchgenuß und das Wein=
trinken entſtanden ſind, nach und nach verlieren werden.

Trenner (für ſich). Mir ſcheint, jetzt kommt die Reihe
ſich z'giften an mich. (Laut.) Damit Ihr nicht etwa nur mir
gegenüber zum Schein Fiſolen und Krautſalat eßt's und im
Geheimen Euch mit Schnitzeln und Roſtbrateln delektirt's,
werd' ich ſtets Alles einkaufen.

Fr. Trenner. Das is recht. So erſpar' ich die Müh'
und Du ſiehſt gleich, was die Sachen koſten.

Trenner (für ſich). Himmelſupperment, iſt denn der
Geiſt des Widerſpruchs aus ihr g'fahren?! Wie ſoll ich's
denn in Zorn bringen? Ich brauch' ja nothwendig eine
Ohrfeigen. (Laut.) Kocht wird in Zukunft nur von mir,
verſtanden?

Fr. Trenner. Das is g'ſcheidt, da hab' ich dann nix
z'thun, als eſſen und trinken!

Trenner. Aber nur Waſſer und Grünzeug.

Fr. Trenner. Da werd' ich dann die zwölf Flaſchen
rothen Ofner, die wir noch im Keller haben, und die acht
Paar Hendln, die ich erſt kauft hab', für die Reconvales=
centen zu die Barmherzigen in's Spital ſchicken.

Trenner. Net rühren! (Für sich.) Ich könnt' nachher in's Wirthshaus geh'n, wenn ich heimlich ein Glasl Wein trinken möcht'! (Laut.) Es wär' ja a Schand, wenn man ihnen solche Raunkerln von Hendeln schicket. Fütter's nur z'erst gut (für sich) bis sett san, werd' ich ihr schon Eine abbettelt haben, dann iß ich's selber!

Fr. Trenner. Ist mir auch recht! Wenn Du sonst noch eine Anordnung zu treffen hast, darfst Du's nur sagen, es wird Alles g'schehn, Du bist ja der Herr!

Trenner (für sich). Sie is net in die Rasch zu bringen — ich könnt' aus der Haut fahren!

Fr. Trenner. Sag' selbst, Mannerl, ist der Eh'stand nicht die höchste Seligkeit, wenn Mann und Frau zwei Seelen, aber nur einen Gedanken haben, wie wir?!

Trenner (sieht sie eine Weile an, dann für sich). Mir scheint sie foppt mich. — (Laut.) Laß mich aus mit dieser Eh'stands= seligkeit, dieser Zwangsanstalt, ich kann ihr keinen Geschmack abgewinnen.

Fr. Trenner. Du magst sagen, was Du willst, es geht nichts über den Eh'stand.

Duett.

1.

Er:

Der Ehestand, ich bleib' dabei,
Er gleicht beinah' der Höll',
Man wird da g'sotten fast zu Brei
In siedend heißem Oel.

Sie:

A Freud', a Glück, a Seligkeit
Is eher wie mir scheint,
Wenn Zwei in Lieb' und Herzlichkeit
Das Eheband vereint.

Er:

A Marter ist's, a Folterbank,
Den ganzen Tag nur Streit und Zank.

Sie:

Ein'm Leben wie im Himmelreich
Is 's Glück im Ehestande gleich.

Er:

Ein Schlachtfeld ist's

Sie:

Ein Paradies,

Er:

A Mördergrub'n

Sie:

Ein Schutz im Sturm.

Er:

Ach wie so gerne
Möcht's mich bekehren,
Ich will nichts hören
Vom ehelichen Glück.

Sie:

Es ist zum närrisch wer'n
Er läßt sich nicht bekehr'n
Er will nichts hören
Vom ehelichen Glück.

2.

Er:

Die Qual, wenn man die ganze Zeit
A Frau um sich hab'n muß,
Mit der man nur statt Lust und Freud'
Hat immerfort Verdruß.

Sie:

A g'scheidte Frau, die hilft sich leicht,
Man kennt ja diese Herrn,
Sobald man ihnen 's Goderl streicht
Hab'ns Ein' doch wieder gern.

Er:

Oft wochenlang in einem fort
Hört man im Haus kein freundlich's Wort.

Sie:

Dafür kommt wieder eine Zeit
Voll ungetrübter Heiterkeit.

Er:
Sie spielt den Herrn,

Sie:
Sie folgt auch gern,

Er:
Hat immer recht

Sie:
Und meint's net schlecht.
(Beide wie oben.)

3.

Er:
Dann kommt erst noch die Seccatur,
Kommt einmal 's Kinderg'schra,
Da hat man Tag und Nacht ka Ruh'
Und 's bleibt oft net bei Zwa

Sie:
So weit sind wir nicht vor der Hand,
Doch fürcht' ich nix desweg'n,
Das wahre Glück im Ehestand
Is ja der Kinderseg'n.

Er:
Vorbei ist's dann mit'n Zeitvertreib'n
Da heißt's schön fleißig z'Haus dann bleib'n.

Sie:
Was kann Ein' denn noch besser freu'n,
Als mitten unter Kindern sein.

Er:
Und dann die Plag'n,

Sie:
Die muß man trag'n,

Er:
Oft kommt die Noth,

Sie:
Da hilft dann Gott!
(Beide wie oben.)

4.

Er (im Tone des Alters.)
Wenn's Alter endlich kommt heran
Und 's plagt Ein' manchmal d'Gicht,
So zeigt die Frau auch sicher dann
Ganz g'wiß a finster's G'sicht.

Sie:
Is 's Alter da und d'Kraft vorbei,
Thut man sich schwer beweg'n,
So muß man g'rad mit Lieb' und Treu'
Erst recht einander pfleg'n.

Er:
Kein' Weib liegt mehr was an ihr'n Mann,
Wann einmal geh'n die Leiden an.

Sie:
A braves Weib, so lang sie kann,
Pflegt treulich allezeit ihr'n Mann!

Er:
Schreit er: Auweh!

Sie:
Bringt's ihm ein' Thee,

Er:
Mein Fuß, mein Arm!

Sie:
Halt' Dich nur warm!
(Beide wie oben, dann ab.)

Siebente Scene.

Carl, Kohlmann aus der Küche.

(Kohlmann trägt einen Teller, worauf ein Stück Strudel.)

Carl (im Auftreten). Ich sag' Ihnen, wenn Sie mit Ihrer Pantscherei nicht aufhören, thu' ich Ihnen etwas an! Wegen Ihnen soll jetzt kein Fleisch mehr in's Haus kommen und wir sollen vom Hendelfutter leben.

Kohlm. Urtheilen Sie nicht, bevor Sie sich nicht von der Wohlthat dieser Speisen überzeugt haben! Versuchen Sie zum Beispiel diese Strudel, ein wahrer haut gout, eine Delicatesse!

Carl. Ich hab' Ihnen schon g'sagt, ich mag das G'fraßt nicht; ich will mein Fleisch und meinen Braten!

Kohlm. Das ist aber dem Körper nachtheilig, während diese Mehlspeis reines Labsal ist, probiren Sie's nur. (Hält ihm den Teller hin.)

Carl. Machen's mich net schiach! Ich iß den Pantsch nicht!

Kohlm. Die Füll' ist frischer Sauerrampfen — Sauerampfen erzeugt Sauerstoff — Sauerstoff kühlt das Blut und kühles Blut gibt wohlthätige Ruhe! Nehmen Sie nur die Hälfte! (Wie oben.)

Carl (ärgerlich). Ich mag aber den Papp nicht! Lassen's mich aus!

Kohlm. Wenn Sie sich darauf nicht so wohl fühlen, wie ein neugeborenes Kind, will ich was heißen. (Wie oben.) Nur einen Bissen!

Carl (zornig.) Sapperment, ich will nicht! (Schlägt ihm den Teller von unten auf aus der Hand, daß er zu Boden fällt und bricht.)

Kohlm. (verblüfft). Ah, ah!

Carl. So, jetzt ist Ruh'!

Achte Scene.

Vorige, Marie.

Marie (sieht den zerbrochenen Teller). Was ist denn das? Wer hat denn da ang'richt?

Carl. Bist eing'laden auf einen verdepschten Strudel!

Marie. Ich dank', ich muß nicht von Allem haben.

Kohlm. (der die Stücke und den Strudel aufgehoben). Mousje Carl! Von mir haben Sie kein Mitleid zu erwarten, wenn Sie mit fünfzig Jahren schon ein Greis sind und 's Reißen in allen Gliedern haben. (Ab.)

Marie. Was hat's denn eigentlich geben?

Carl. Der Schwager will mir mit seinem Koch das Blut abkühlen, als ob ich das brauchet!

Marie. Schaden könnt's Dir nicht, wenn Du etwas ruhiger würdest!

Carl. Es ist aber doch besser, Du kriegst einen warmen, als einen abgekühlten Mann, der ich ohne Zweifel bald sein werde!

Marie. Meinst?

Carl. Du hast ja vom Onkel selbst gehört, daß er nichts gegen unsere Neigung hat — wie schön er uns die Liebe geschildert.

Marie. Ja, die Liebe! Aber Du weißt, was er über's Heiraten gesagt hat! Daß wir uns ja nicht unterstehen sollen, nur daran zu denken — und wie schrecklich hat er den Eh'stand beschrieben, als ob er die reine Höll' wär'!

Carl. Und doch erwarte ich in Deinen Armen einen Himmel voll Geigen!

Marie. Mach' nur keine unzeitige Rechnung — so g'schwind wird's nicht gehen, übrigens haben wir alle Zwei noch Zeit dazu.

Carl. Ich will aber nicht länger warten! Du kennst das Sprichwort: „Was Du heute thun kannst, verschiebe nicht auf morgen!" „Schmiede Deinen Nächsten, so lang' er warm ist!"

Marie. O Gott, bei Dir fangt's schon wieder zu rappeln an.

Fr. Trenner (von innen). Marie! Marie!

Marie. Die Tant' ruft! — Es wird doch gut sein, wenn Du einen Strudel ißt! (Ab)

Neunte Scene.

Carl (allein). G'rad immer, wenn ich im schönsten Zug' wär', meinen Gefühlen Luft zu machen, kommt was dazwischen. Ich bin übrigens meiner Sache sicher, denn meine Beschaffenheitsworte: „Fesch, ferm, flott sein" sichern mir den Sieg. Man sagt zwar allgemein, meine Dummheit geht in's Horrende, aber sie macht sich originell, und das befriedigt mich. D'rum sag' ich, man kann den größten Unsinn begehen, wenn er sich nur gut macht.

Couplet.

1.

Am Parterre ein junger Mann,
Wenn ein Act ist aus,

Nimmt er ein Skarnitzel dann,
Nascht behaglich d'raus,
Steckt im Mund mit nobler Grace
Stück für Stück hinein,
Ist zwar nur ein Primsenkas,
Macht sich aber fein.

2.

Geht man auf den Eisplatz hin,
Ist das eine Pracht,
Wie dort jede Dame kühn
Ihre Manderln macht,
G'schieht's gleich in der Hitze auch,
Daß bei keckem Muth
Eine hinfallt auf'n Bauch,
Macht sich aber gut!

3.

Hitzig ist 's Studentenblut,
Oft auf eins, zwei, drei
Geht schon mit Berserkerwuth
Los die Paukerei,
Juchteln mit den Säbeln 'rum,
Bis sie geh'n zum Spott
Mit der halben Nasen um,
Macht sich aber flott!

4.

Es verfolgt ein fader Geck,
Wie es sein' Manier,
Eine Dame frech und keck
Bis zur Zimmerthür,
Kriegt zwar dort vom Mann der Frau
So ein' Bünkel Plesch,
Daß ihm ist der Buckel blau,
Macht sich aber fesch!

5.

„Mann, ich brauch' ein neues Kleid
Für den nächsten Ball!"
„„Bei der Noth? Frau, sei doch g'scheidt!""
„Ist mir ganz egal!"

Kommt auch fein am Ball gestieg'n,
Hat verkauft das Bett,
Muß dann auf'n Strohsack lieg'n,
Macht sich aber nett!

6.

Hoch zu Roß, daß Alles schaut,
Reitet Sonntag früh
Vor dem Fenster seiner Braut
Stolz ein Herr Commis,
Wie er eben grüßt sehr fein,
Gibt es plötzlich Scherb'n,
Reit't verkehrt in d'Auslag 'nein,
Macht sich aber ferm!

7.

's geh'n zwei Damen elegant
Auf'n Ring spazier'n,
Thun französisch miteinand'
Immer nur parlir'n,
's ist zwar nur der ganze Quatsch,
Den's französisch red'n,
Nix als wie ein Palawatsch,
Macht sich aber schön!

8.

Wenzel muß zu Heurige
Marianka führ'n,
Wenzel kriegte Rausch, herrje!
Daß sich kann net rühr'n,
Doch Marianka packte z'samm'
Wenzel gleich bei Frack,
Tragte ihn auf Buckel ham,
Do je dobre tak!

(Dann ab.)

Zehnte Scene.

Fr. Trenner, Marie von links.

Fr. Trenner (die an einem Strumpf strickt, im Eintreten). Du hast noch Zeit zum Heiraten und der Carl ist viel zu viel Schußbartl, als daß er jetzt schon einen ordentlichen Ehemann abgäbet!

Marie. Aber Tant', ich denk' noch net d'ran, jetzt schon zu heiraten; es ist ja nur Spaß!

Fr. Trenner. Das is vernünftig von Dir. Ich hab' zwar nichts dagegen, wenn Dich der Carl will; ich glaub' auch, daß er einmal mit Dir glücklich wird, d'rum soll's an meinem Segen net fehlen.

Eilfte Scene.
Vorige, Trenner.

Trenner (von rechts). Mir scheint, da gibt's wieder eine Heiratsbandlerei? Es sollen wieder ein paar Menschen unglücklich gemacht werden?

Fr. Trenner. Ich hab' g'rad das Gegentheil von dem gethan und der Marie vom Heiraten abg'rathen.

Marie. Ja, das ist wahr — ich reiß mich auch net so stark d'rum! 's Unglück kommt alleweil früh genug, nicht wahr, Onkel? (Geht schelmisch lächelnd ab.)

Trenner. Endlich einmal Eine, die's einsieht!

Fr. Trenner (lachend). Und die Dir nach Deinem Herzen spricht! — Jetzt ist mir der Faden ausgegangen (Zieht einen Wollsträhn aus der Tasche). Geh', Felix, halt mir an, daß ich die Woll' abwickeln kann.

Trenner. Jetzt willst Du gar einen Haspel aus mir machen! So weit kann man's nur bringen, wenn man verheiratet is!

Fr. Trenner. In früherer Zeit hast mir öfter aus eigenem Antrieb ang'halten, da hast Dich für keinen Haspel g'halten!

Trenner. Das is aber schon lang, da war ich noch ein lediger Mann und kein Eheknecht. Da war's mein freier Will'n, aber jetzt wird's als Schuldigkeit von mir gefordert.

Fr. Trenner. Kommst Du mir schon wieder mit Deinem Unsinn, Deiner fixen Idee, daß ein Mann nicht heiraten soll, sonst verliert er seine Autorität, seine Würde und weiß Gott was Alles?! Du halt'st Dich für unterdrückt und bist der Tyrann im Haus!

Trenner. Ja, der Tyrann, der nach Deiner Pfeifen tanzen muß! Warum hast Du Dich kaprizirt, eine Frau zu sein? Zu was hab' ich Dich heiraten müssen?

Fr. Trenner. Das warst Du mir vor Gott und der Welt schuldig.

Trenner. Und ich hab' diese Schuld mit dem Verlust meiner Unabhängigkeit, mit meinem Seelenfrieden bezahlt!

Fr. Trenner. Um Deinen Frieden hat Dich nur Deine Einbildung gebracht, mit der Du Dich und mich immer quälst und peinigst.

Trenner. So, daß Du mich guten Patschen seit zehn Jahren marterst und sekkirst und mir Alles mit Fleiß thust, was mir Gift und Gall macht, das is eine Einbildung?

Fr. Trenner. Ja, noch dazu eine boshafte!

Trenner. Daß Du die angenommenen Kinder verhätschelt und verzogen haſt — daß — —

Fr. Trenner. Das is eine Lug'! Das sag' mir nimmer, sonst — —

Trenner. Sonst gibst mir Eine! (Sein Gesicht hinhaltend.) So gib mir halt Eine, da is ja mein G'sicht.

Fr. Trenner. Verdient hätt'ſt es, Du Lugenschüppel!

Trenner. Ist es vielleicht nicht wahr, daß Du die Emilie in ihrer Zimperlichkeit unterstützt und zur lächerlichen Gredl gemacht haſt?

Fr. Trenner. Und was machst Du aus dem Carl? Einen Faulenzer, einen Tagdieb!

Trenner. Das Madl haſt Du ordentlich feilgeboten und zum Heiraten gezwungen!

Fr. Trenner. Disputir' mir nicht solche Sachen hinauf, sonst verlier ich die Geduld!

Trenner. Und gibst mir Eine! So hau' her, was genirſt Dich denn? (Hält ihr sein Gesicht hin.) Da is mein G'sicht!

Fr. Trenner. Du bist ein Narr!

Trenner. Und Du eine Verschwenderin, die 's Geld zum Fenster n'aus wirfst, eine Putzgredl, die mich mit ihrer Putzsucht noch zum Bettler macht!

Fr. Trenner. Was, ich eine Verschwenderin, eine Putz=gredl? Da muß man die Geduld verlieren und wenn man sanft ist, wie ein Täuberl!

Trenner. Du a Täuberl? Daß ich net lach! A Bis=gurn bist! (Hält das Gesicht hin.)

Fr. Trenner (fährt wüthend auf ihn los). Du Verleumder Du — (Erhebt die Hand zum Schlag. Kohlmann, der schon früher aus der Küche getreten, tritt behutsam vor, kommt a tempo zwischen Beide zu stehen, als Frau Trenner den Schlag führt, so zwar, daß er die Ohrfeige bekommt.)

Kohlm. (hält sich die Backe). Ha!

Fr. Trenner. O weh!

Trenner (bei Seite). Niederträchtig! Er kriegt's und ich brauchert's; ich hab' halt kein Glück!

Kohlm. Wolln's nicht a paar Zwetschken?

Zwölfte Scene.

Vorige, Emilie, Pflaminger, Fr. Sterzer, Fr. Schwammerl, Pippler und die andern Parteien.

Alle Parteien (lärmend). Wir müssen mit dem Hausherrn reden!

Em. (eilt voraus herein, auf Frau Trenner zu). Tante, ich habe Angst!

Trenner. Was will denn das Volk? (Für sich.) Jetzt war sie g'rad so schön im Zug. (Laut zu den Parteien.) Was wollt's denn da?

Pflam. Hausherr, das ist nicht schön von Ihnen, uns so für einen Narren zu halten!

Fr. Sterzer. Neulich haben's a so g'redt.

Fr. Schwammerl. Und heut reden's a so!

Alle. Das haben wir net verdient!

Trenner. Heraus mit der Farb', was hab ich g'redt?

Pflam. Der Herr Hausherr haben uns doch schriftlich und mündlich versprochen, daß wir nicht kündigt werden —

Trenner. Na und?

Pflam. Und heut schicken's uns auf einmal die Aufsag'!

Trenner. Was, die Aufsag'?

Alle. Ja, da haben wir's!

Trenner. Net möglich! Da weiß ich nichts davon, das muß ein Mißverständniß sein!

Fr. Trenner. Nein, es ist kein Mißverständniß — ich hab' ihnen die Kündigung g'schickt!

Trenner. Was? Ohne meinem Wissen und Willen?

Fr. Trenner. Ja, weil ich net zugib, daß Du das Geld so zum Fenster hinauswirfst! Ich werd' in unsern Haus ein' neuen Boden legen.

Trenner (nimmt den Parteien die Kündigungen). Gebt's her, ich nimm die Aufsag' z'ruck. ~~Ich will keine neuen Leut'~~. Ich werd' seh'n, wer der Herr im Haus ist!

Fr. Trenner. Und ich werd' seh'n, ob ich net die Frau vom Haus bin! Die Kündigungen bleiben! (Will ihm die Schriften aus der Hand nehmen.) Her damit!

Trenner (wüthend, indem er ihr mit den Schriften einen Schlag in das Gesicht gibt.) Da hast's, Du Bosnickel!

(Fr. Trenner taumelt einige Schritte zurück.)

Kohlm. (zu Trenner). Schwiegeronkel, was haben Sie gethan?

(Pause.)

Fr. Trenner (mit Wehmuth). Mit diesem Schlag hast Du das Band unserer Ehe entzwei gerissen! Wir haben nichts mehr miteinander zu schaffen; wir sind von heute an geschiedene Leut'! (Wendet sich zu Emilie.)

(Trenner starrt sprachlos, von seiner That überrascht, nach seiner Frau.)

(Gruppe.)

Ende des zweiten Actes.

Dritter Act.

Elegantes Zimmer mit Mittel- und links und rechts je eine Seitenthür, vorne rechts ein Tisch, Sofa und einige Fauteuils. Weiter nach rückwärts ein Camin, auf dessen Sims zwei Figuren und eine Stutzuhr. Vorne links ein großer Ankleidespiegel. Die Füße des Tisches sowie die Fauteuils und der Figuren auf dem Camine sind mit weißen Spitzenhöschen bekleidet.

Erste Scene.

Marie (allein, indem sie die Möbel abstaubt). Wie ist es jetzt so langweilig im Haus! Seitdem sich die Tant' da heraufgezogen hat zum Herrn Kohlmann und der Onkel mit dem Carl im ersten Stock wohnt, kommen mir die acht Tage wie eine Ewigkeit vor. Daß g'rad jetzt so ein Zerwürfniß im Haus sein muß, es vergeht einem fast der Gusto zum Heiraten!

Zweite Scene.

Marie. Carl durch die Mitte.

Carl (sieht zur Thür herein). War der Onkel da? (Tritt ein.)

Marie (lachend). Du fragst noch? Der läuft ja im ganzen Tag wenigstens fünfzig Mal auf und ab und macht sich immer was zu thun! Jetzt ist's erst neun Uhr und er war schon sieben Mal da!

Carl. Das muß anders werden. Ich krieg' am End' noch die Schwindsucht, denn Du weißt, mich leidt's auch net lang unten. In den acht Tagen, seitdem Du heroben bist, hab' ich bei dem Auf- und Ablaufen schon zwei paar Stiefeln z'rissen.

Marie. Du armer Narr!

Carl. Ich werd' mich da in's Mittel legen und die schöne Mission der Aussöhnung übernehmen.

Marie. Du willst sie versöhnen? Hahaha! Das is zum kranklachen!

Carl. Da gibt's nix z'lachen. Ich kann's net mit ansehen, daß der Onkel und die Tant' so getrennt leben. Der Onkel wird mir ganz miselsüchtig — es is wahr, er is manchmal überspannt —

Marie. G'rad so wie der Herr Neffe.

Carl. Fräulein, solche Anzüglichkeiten nehmen sich schlecht aus in Ihrem Munde, gegenüber Ihrem künftigen Herrn und Gebieter.

Marie (Carl nachahmend). Wie wär's, wenn ich mich von dem künftigen Herrn und Gebieter nur mit der Klausel heiraten ließe, daß er mein Sclave wird?

Carl (rasch in seinem früheren Ton). Das gibt's bei mir net!

Marie. Das wer'n mir schon machen. Aber jetzt sag' mir, wie Du die Versöhnung bewerkstelligen willst?

Carl (mit komischem Pathos). Ich werde vor Beide hintreten und sagen: „Lieber Onkel und noch liebere Frau Tante!"

Marie. Das is schön g'sagt.

Carl. Nicht wahr? „Hören Sie einmal auf mit dieser Trutzerei, die jetzt schon acht Tag' dauert" —

Marie. Es wird erst morgen acht Tag'.

Carl. Stör' mich net, Du bringst mich ganz aus dem Concept. „Diese Trutzerei ist ein Scandal für Sie und Ihre armen unschuldigen Verwandten."

Marie. Die klan' Patscherln!

Carl. „Bedenken Sie den Unsinn, den Sie mit Ihrer Dickköpfigkeit begehen und geben Sie nach."

Marie. Das ist sehr zart und sinnig gesagt.

Carl. „Bedenken Sie, Frau Tante, daß, wenn jede Frau, die a kleine Dachtel von ihrem Mann kriegt, sich gleich scheiden lassen wollte, es mehr geschiedene als vereinigte Eheleute in der Welt geben würde."

Marie. Das is wahr!

Carl. „Reichen Sie sich daher die Hände zur Versöhnung und lassen's die dumme G'schicht' ausgeh'n." Na, wird diese Red' die gehoffte Wirkung machen?

Marie. Ganz g'wiß, b'sonders der Schluß von der dummen G'schicht'.

Carl. Du wirst sehen, nach der Red' werden sich Beide um den Hals fallen.

4*

Marie. Oder Dir in die Haar'.

Carl (indem er ihr den Kopf mit beiden Händen faßt und küßt). O nein, sondern sie werden mich eins um das andere vor Freuden so nehmen und so abküssen, wie ich Dich jetzt!

Dritte Scene.
Vorige. Trenner.

Trenner (durch die Mitte). He, was g'schieht denn da?

Marie (für sich). Da is er schon wieder!

Trenner. Immer küssen und liebeln, und auf's Heiraten, scheint's mir, denkt Keines von Euch.

Carl und Marie (erstaunt, zugleich). Auf's Heiraten?

Trenner. Das sollt Enk gar net ein. Jetzt dauert die Speanzlerei schon sechs Monat, aber von Anstalten zur Hochzeit sieh und hör' ich noch immer nichts.

Carl (leise zu Marie). Wart, jetzt lassen wir uns von ihm zum Heiraten zwingen. (Laut.) Das Heiraten, Onkel, haben wir aus unserem Programm gestrichen, wir begnügen uns ganz einfach mit der Liebe. (Wendet sich zu Marie). Was?

Marie. Ja, so haben wir beschlossen.

Trenner. Net heiraten wollt's, Ihr verderbten, lasterhaften Menschen? Den Ehestand, die schönste und praktischste Einrichtung aller Zeiten, wollt's Ihr ingnoriren? Das ist unerhört!

Carl. Wir folgen nur Ihren Lehren und Rathschlägen. Sie haben uns mit Ihren Schilderungen der ehelosen Liebe ganz entzückt, dagegen mit Ihren Bildern der Ehe einen solchen Ekel eingeflößt, daß uns ganz gruselig wird, wenn wir nur davon reden hören.

Trenner. Wenn ich so ein' Unsinn g'sagt hab', dann hab' ich's selber net g'wußt, was ich plausch, denn der Ehestand ist jener Stand, der den Menschen erst in den Stand setzt, ein ganzer, vollkommener Mensch zu werden. Er berechtigt und verpflichtet ihn zur Fortpflanzung seines Geschlechtes und er wird dadurch ein nützlicher Staatsbürger, ein Patriot, der auf die Achtung der großen Gesellschaft Anspruch hat, während man auf die Ehelosen nur mit Geringschätzung herabschaut.

Carl (nimmt Trenner an der Hand, zieht ihn ein paar Schritte vor und sieht ihm scharf in's Gesicht).

Trenner. Was schaust mich denn so an, dummer Bub'?

Carl. Weil ich glaub', man hat sie uns ausgetauscht. Sie sind ja ganz verwechselt!

Trenner. Red' net so dalkert. Also Ihr werd's jetzt heiraten!

Carl. Das müssen wir uns erst überlegen, nicht wahr, Marie?

Marie. Ueberlegen können wir es uns ja.

Carl und **Marie** (zucken die Achseln, zugleich). Aber —

Trenner. Nix „aber", in drei Wochen is Hochzeit und damit basta! Auseinand' jetzt und schaut's, daß's weiter kommt's.

Carl (leise zu Marie). Victoria, unser Ziel ist erreicht! Zu was so ein kleiner Klopfer oft gut ist, was, Maritscherl? B'hüt Dich Gott! (Küßt sie schnell, dann Mitte ab. Marie links ab.)

Vierte Scene.

Trenner (allein). Das sind die Früchte meines Ehehasses, daß mich selbst der dumme Bub' frozzelt. G'schieht mir schon recht! Jetzt, wo ich der freie Mann bin, der ich immer hab' sein wollen, sieh ich erst ein, daß ich der Esel auf'n Eis war. Wo sie nur steckt? Sieben Mal war ich heut' schon da und hab's nicht zu G'sicht kriegt, mir scheint, sie versteckt sich vor mir. Sollt' sie mich wirklich nimmer gern haben? Sie sitzt wahrscheinlich da im Zimmer, wenn ich so a bißl durch's Schlüsselloch — warum denn net? — Ich — ich kann's ja thun. (Guckt durch's Schlüsselloch.) Richtig, dort sitzt's und strickt — sie is halt alleweil ein lieber Schatz!

Fünfte Scene.

Trenner. Kohlmann.

Kohlm. (tritt aus der entgegengesetzten Seitenthüre im Schlafrock, den Kopf eingebunden, hält sich den Magen). Auweh, Auweh!

Trenner (führt erschrocken von der Thür weg). Wer da? (Sieht Kohlmann.) Ah, Sie sind's! Ja, was ist denn mit Ihnen?

Kohlm. (lamentirt). Ich bin miserabel!

Trenner. Das sieht man. Wo fehlt's Ihnen denn?

Kohlm. (reibt sich den Magen). Da inwendig.

Trenner. Haben's vielleicht was Unrechtes 'gessen?

Kohlm. Keine Idee. Lauter vegetabilische Speisen, wie sie vorg'schrieben sind.

Trenner. Es liegt Ihnen vielleicht doch etwas im Magen.

Kohlm. Ich wüßt' nicht was. Das Letzte, was ich gegessen hab', war ein Hollerröster mit Gurkensalat.

Trenner (lacht). Ja, so was muß freilich ein Viech umbringen. Soll ich um Etwas in die Apotheken schicken?

Kohlm. Ich glaub' in d'Fleischbank wär' besser.

Trenner. Aha, wachst Ihnen der Spinat schon beim G'nack heraus?

Kohlm. Ich fühl's, meine Constitution ist nicht für den Vegetarianismus eing'richt, ich werd' alle Tag' schwächer.

Trenner. So geben Sie diese Grünfütterung auf und halten Sie sich auf's Fleisch.

Kohlm. Ich möcht' ja recht gern, aber ich genire mich vor meiner Frau! — Au! O, was gäbet ich nicht für ein paar Portionen Lungenbratl!

Trenner. Die werden auch noch zu haben sein. — — Aber jetzt zu etwas Wichtigerem. Hören Sie, Kohlmann, was sagt denn meine Frau?

Kohlm. Was wird die sagen? Ich glaub' die Sach' ist in Ordnung! Sie können ganz ruhig sein!

Trenner. So? Glauben Sie?

Kohlm. Was man aus ihren Reden entnehmen kann, ist gar kein Zweifel!

Trenner (für sich). Sie ist also zur Einsicht gekommen! (Laut.) Was sagt sie denn so?

Kohlm. Sie schimpft nicht im Mindesten, gar keine Red' — sie sagt blos: mit uns Zwei ist's vorbei, ich will nichts mehr von ihm wissen!

Trenner (enttäuscht). Und das nennen Sie in Ordnung?

Kohlm. Sie haben sich ja immer von ihr scheiden lassen wollen — na, jetzt haben Sie's los!

Trenner. Das heißt — ich hab' mir das anders vorg'stellt!

Kohlm. Und was wahr ist, ist wahr, Schwiegeronkel, sekkirt haben Sie's genug!

Trenner. Nun ja, ich war mitunter ein brutaler Mensch — aber daß's so weit kommen soll; ich hab' glaubt, wir sollen uns scheiden lassen, ohne daß wir von einander geh'n,

Em. Nein, das kann ich nicht! Im Stift haben uns die Lehrerinnen täglich eingeprägt, daß diese bloßen Füße aug- und gemüthsbeleidigend für junge, gesittete Damen sind.

Kohlm. Du wirst sie aber mir zu Liebe entfernen?

Em. Ich kann nicht!

Kohlm. Du willst nicht? (Aufstehend.) Gut, dann esse ich auch nicht von Deinem Beefsteak!

Em. (zieht ihn wieder zu sich). Aber so bleib' doch, Du böser Mann! Ich will ja Deinen Willen erfüllen, aber nicht heute.

Kohlm. Heute muß es sein!

Em. Nun meinetwegen, wenn wir gegessen haben. Bist Du es zufrieden?

Kohlm. Vollkommen! Du bist halt eine vernünftige Frau, und damit Du siehst, wie ich Dich schätze — iß ich das ganze Beefsteak allein. (Die Serviette umnehmend, ißt mit Gier.) Nur aus Liebe zu Dir!

Em. (schlägt in die Hände). Das freut mich!

Kohlm. Ich will mich sogar wieder zu Deiner Kost bekennen und Fleisch essen. Du kannst mir zu Mittag gleich einen Kalbsschlögel und einige Kilo Schnitzeln richten lassen.

Em. Alles, was Du willst.

Kohlm. Aber nur Dir zu Liebe! (Fleißig essend, für sich.) Ah, ist das ein Genuß!

Achte Scene.

Vorige, Frau Trenner.

Fr. Trenner (aus ihrem Zimmer). Guten Appetit, Herr Kohlmann! — Was seh' ich, Sie essen Fleisch?

Kohlm. Ja, ich opfere mich für meine liebe Frau!

Em. Ja, Tante, wir sind übereingekommen, daß mein lieber Mann wieder an meinem Tisch ißt, dafür muß ich die Füße meiner Möbel enthüllen.

Fr. Trenner. Das ist von beiden Seiten ein vernünftiger Entschluß.

Em. Siehst Du, Tante, wir haben einen gütlichen Ausgleich getroffen, möchtest Du nicht unserem Beispiele folgen und Dich ebenfalls mit dem Onkel versöhnen?

Fr. Trenner. Nein, Kind, das kann ich nicht; es hat mich zu sehr gekränkt, und ich bin in meinem Recht.

Em. Das Recht, Tante, ist zweifellos auf Deiner Seite, aber die Billigkeit solltest Du auch in Betracht ziehen und sein Temperament in dieser Situation berücksichtigen.

Fr. Trenner. Ach was, Billigkeit! Ich hab' zehn Jahr' seine Launen, Capricen und Seccaturen ertragen, und obwohl mir dabei manchmal die Gall' aufg'stiegen ist und das Blut in den Fingerspitzen zum wurln ang'fangt hat, so hab' ich's doch unterdrückt, um den Hausfrieden net zu stören.

Kohlm. (indem er ißt). Sehr gut, Schwiegertante!

Fr. Trenner. Aber so weit hat er sich doch noch nie vergessen, daß er mich eine Putzgredl, eine Verschwenderin g'heißen und mich schließlich vor sämmtlichen Parteien in's G'sicht g'schlagen hat.

Em. Das ist, wie gesagt, in seiner großen Aufregung gescheh'n, und ich weiß, daß er es hundert Mal bereut und sich nach einem freundlichen Wort von Dir sehnt.

Fr. Trenner. Er soll thun und machen, was er will; mein Entschluß steht fest, ich laß mich scheiden.

Em. Tante, bedenke den Scandal und die Aufregung, die die Ausführung Deines Entschlusses in der ganzen Nachbarschaft hervorrufen wird.

Fr. Trenner. Ich weiß das. Ich hab' mich auch nur mit schwerem Herzen zu diesem Schritt entschlossen, weil ich ihn gern g'habt hab' mit einer Aufopferung, wie sie eben nur die wahre Liebe fähig ist.

Kohlm. (mit vollem Munde). Und gesteh'n Sie's nur, weil Sie ihn noch gern haben.

Fr. Trenner. Nein, da irren Sie sich; das Gefühl ist in mir erloschen, nur Haß, tiefer, unversöhnlicher Haß flammt in meiner Brust.

Kohlm. Der flammende Haß wird ausbrennen und die alte Liebe wieder erscheinen.

Fr. Trenner. Das wird nicht geschehen, denn dieses Brandmal (zeigt auf die Wange) kann die Hand, die es geschlagen, nimmer verwischen, das ist unmöglich — und eine andere Sühne gibt es nicht.

Em. Du wirst Dich doch noch rühren lassen, Tante, wie sich auch mein Gustav bekehrt hat.

Kohlm. (mit dem Essen fertig und sich mit der Serviette den Mund abwischend). Ganz gewiß! — Aber jetzt, liebe Emilie, hätt' ich noch eine Bitte.

Em. Was denn, lieber Mann?

Kohlm. Wenn Du vielleicht noch so ein Beefsteak in der Kuchel hast, laß mir's richten, denn ich fürcht', ich hab' Dir meine Lieb' noch nicht hinlänglich bewiesen.

Em. Alles sollst Du haben, was Dein Herz verlangt, weil Du nur diese Lebensweise aufgibst, die unmöglich gesund sein kann.

Kohlm. Sag' das nicht! Der Vegetarianismus ist das beste Lebensverlängerungsmittel, wenn er sich nur erst so weit vervollkommnet, daß man dabei auch Fleisch essen und Wein trinken kann.

Em. So komm'! — Tante, verläugne Dein gutes Herz nicht, und laß Dich rühren. (Beide ab.)

Neunte Scene.

Fr. Trenner (allein). Glückliches Kind, Du hast gut reden! Nicht Alles verschmerzt sich so leicht, wie ein verlorener Handschuh. Meine schönen Tage sind vorbei! (Seufzend.) Lassen wir diese Gedanken, bei mir ist es mit dem Eheglück vorüber. — — Ich will fortan auf alle Freuden des Lebens verzichten! (Entfernt die letzten Höschen von den Möbeln.)

Zehnte Scene.

Vorige, Trenner.

Trenner (durch die Mitte mit einer Skarnitze in der Hand, tritt etwas zögernd vor, mit nach Festigkeit ringendem Tone). Grüß Dich Gott! Wo hast denn die Amsel?

Fr. Trenner (nach rechts zeigend, gleichgiltig). Dort drinn' im Zimmer.

Trenner. Du hast die Ameis'eier unten liegen lassen — sie vertrocknen ganz und da is schad' d'rum!

Fr. Trenner. Leg's nur hin!

Trenner (legt sie auf den Tisch). Was machst denn da?

Fr. Trenner. Aufräumen, die Ueberbleibsel meiner Verschwendung.

Trenner (für sich). Da hast Eine für Deine Neugierd'! (Laut.) Du mußt halt immer a bisserl bissig sein!

Fr. Trenner. Ich, bissig? Fallt mir net ein! Hast Du net g'sagt, ich bin eine Verschwenderin?

Trenner. Mein Gott, man red't oft gar viel, wenn der Tag lang ist! Es is mir halt in der Hitz' so außag'rutscht.

Fr. Trenner. So? Da is Dir dann wahrscheinlich so unversehens auch die Putzdocken mitg'rutscht?

Trenner (heftig). Das is a Lug'! Das hab ich net g'sagt!

Fr. Trenner. Ja, das hast Du g'sagt!

Trenner. Nein, es is net wahr. Putzgredl hab' ich g'sagt, aber Putzdocken net! Ich laß mir nix hinaufdisputiren von Dir!

Fr. Trenner. Das ist doch Alles eins!

Trenner. Wenn's auch Alles eins is, so sollst Du so a Wort net auf die Goldwag' legen, weil Du weißt, daß ich's net so mein', wie ich's heraussprudel! Du wirst Dich erinnern, daß ich mich oft geärgert und Dir Vorwürfe gemacht hab', daß Du, die reiche Hausfrau, immer in Stoffkleidern dahergehst und Dein einziges Seidenkleid, was Dein Brautkleid is und das Du wenigstens zehn Mal schon ummodeln hast lassen, nur an die höchsten Feiertag' in die Kirchen anziehst, während Andere, die mehr Schulden haben, als sie schwer sind, in seidenen Kleidern am Markt gehen und um fünf Kreuzer was Grün's kaufen.

Fr. Trenner. Eben weil Du das weißt, d'rum hat's mich doppelt g'schmierzt! Und dennoch hätt ich's hinunter g'würgt und wär' still g'wesen, aber der Schlag in's Gesicht vor den Parteien — der hat meiner Geduld den Garaus gemacht.

Trenner. Geh', geh'! Mach' ka so Aufhebens wegen dem Pecker mit die paar Blattl'n Papier!

Fr. Trenner. Der Schlag hat alle meine Hoffnung auf ein ferneres friedliches und glückliches Zusammenleben vernichtet!

Trenner. Wenn Dich der Tupfer gar so wurmt, so gib mir als Revanche zwei dafür z'ruck — dann hast Eine gut.

Fr. Trenner. Ich bin zum Scherzen net gelaunt; ich hab' bereits die Schritte zu unserer Scheidung eingeleitet!

Trenner. Ich laß mich aber nicht scheiden — denn ich möcht' wissen warum? Ich hab' ja gar ka Ursach'! Du bist gut, brav, treu, sparsam, schaust auf b' Wirthschaft, laßt nix z'Grund geh'n; mit einem Wort: Du bist a Frau, wie sie sein soll, das Zeugniß muß Dir Dein größter Feind geben!

Fr. Trenner. So? Mein größter Feind müßt mir ein solches Zeugniß geben? Aber mein Mann, der, wie man doch glauben sollte, das alles genauer weiß, der sucht seit zehn Jahren mit Advocaten und anderen Rechtsumgehern nach einem Scheidungsgrund!

Trenner. Eine Beschäftigung muß der Mensch haben, sonst geht er z'Grund wie der Fisch ohne Wasser! Und weil ich trotz der abbrahten, mit allen Salben geschmierten Rechts= verdrehern keinen Grund gefunden hab', so ist das der sicherste Beweis, daß Du keinen verloren hast!

Fr. Trenner. Ich hab' aber einen triftigen Grund gefunden — der — (auf ihre Wange deutend) wenn Du nicht freiwillig Deine Einwilligung zur Scheidung gibst, Dich dazu zwingen wird! (Rechts ab.)

Eilfte Scene.

Trenner (allein, ihr nachrufend). Ich laß mich aber net scheiden, da magst thun, was Du willst! Das steht aber fest: a Köpferl hat das Weib, das ihr g'hört! Wenn sie sich amal was einbild't, so führt sie's auch aus! (Ist zu dem Spiegel ge= kommen und spricht hinein.) Sieh'st es, jetzt hast es, Du scheidungs= süchtiger Narr! Jetzt hast Dein Ziel erreicht, jetzt wirst g'schieden! Na, warum jubelst und singst und springst denn net? Warum machst denn so a betrübt's G'sicht, als ob Dir die Hendln 's Brot wegg'fressen hätten? Gelt, weil's jetzt Ernst wird, jetzt schmeckt Dir nix z'essen, nix z'trinken, hast ka Ruh' bei Tag und Nacht, rennst ihr auf jeden Schritt und Tritt nach, wie a Pudl? Sie aber will justament nix wissen mehr von Dir. Hahaha, recht hat sie! Ich hab' sie lang g'nug g'martert und sekkirt! Eine Ohrfeigen hab' ich immer haben wollen! Eine Ohrfeige? Gut! (Schlägt sich in's Gesicht.) Da hast glei' a paar, Gimpel?

Zwölfte Scene.

Vorige, Dr. Geyer durch die Mitte.

Geyer (halb für sich im Eintreten). Man sagte mir, hier würde ich den Herrn von Trenner finden.

Trenner (zornig). Der Doctor! Was woll'n denn Sie hier?

Geyer. Ich war schon zweimal bei Ihrer Wohnung, fand sie aber immer verschlossen!

Trenner. Haben's vielleicht noch a Rechnung für Ihren guten Rath, den Sie mir geben haben?

Geyer. Vorläufig noch nicht. Vorerst will ich Ihnen mein neuestes Mittel entdecken, das Sie unfehlbar zu Ihrem gewünschten Ziele, zur Scheidung, führen muß.

Trenner. Ich brauch ka Mittel mehr von Ihnen, Sie Unglücksstifter, Sie Leutauseinanderbandler! Is Ihnen das noch net g'nug, daß Sie mich und meine liebe Frau, die die Gutheit und Sanftmuth selber ist, auseinanderbracht haben?

Geyer. Herr von Trenner, Sie haben einen solchen Rath von mir verlangt!

Trenner. Leider! Es wär' aber angezeigter g'west, ich hätt' vom Teufel ein' Rath verlangt, der hätt' mir g'wiß ein' bessern geben als Sie — —

Geyer. Herr von Trenner, sind Sie doch vernünftig!

Trenner. Ich brauch ka Vernunft! Ich bin ein wohlhabender Privatmann, der auch ohne Vernunft gut leben kann! Aber Sie hätten sollen g'scheidter sein und mir begreiflich machen, daß man sich von so einer Frau gar nicht scheiden laßt, sondern froh sein soll, daß man eine solche hat! Aber natürlich, da gibt's langwierige Prozesse und g'schmalzene Expensen-Noten!

Geyer. Herr, Sie häufen Beleidigung auf Beleidigung! Ich werde Sie darüber zur Rechenschaft ziehen!

Trenner. Und ich werde Sie belangen wegen Ehestörung, wegen Familienfrieden-Vernichtung, wegen Ausbeutung der Dummheit! Verstanden? Und jetzt hab' ich die Ehre, mich zu empfehlen! (Zeigt zur Thüre.)

Geyer (aufgebracht). Herr, für diese Sottisen werde ich mich zu rächen wissen! (Wüthend ab.)

Trenner (nachrufend). Schicken Sie mir vielleicht noch eine Rechnung für die Wahrheiten, die ich Ihnen g'sagt hab'? Nur zu! (Aufathmend.) Ah, das hat wohlgethan! Jetzt ist mir leichter, daß ich dem seinen guten Rath heimgezahlt hab'! Jetzt bleibt nur noch das Letzte zu thun übrig. Ich hab' in diesem Haus Nichts mehr zu suchen, also schließen wir ab!

Dreizehnte Scene.

Vorige, Carl.

Carl. Onkel, Ihre Freunde sind unt', die Kegelscheiber!

Trenner. Die kommen mir g'rad recht, diese verruckten Ehehaffer, die mich in meiner Dummheit noch bestärkt haben, mit denen will ich ausfahr'n, das soll meine letzte Arbeit sein. Ich will das Haus noch reinigen von allem Ungeziefer, dann Adieu!

Carl (ängstlich). Onkel, was haben's denn vor? Sie wollen doch net?

Trenner. Sorg' Dich net um mich, heirat' Deine Marie, wie es für einen ordentlichen Menschen gehört, mach' der Tant' Freud' und steh' ihr in Allem bei, wenn ich nicht mehr bei Euch bin! (Schüttelt ihm die Hände und geht dann bewegt ab.)

Carl. Was hat denn der Onkel? Mir wird angst und bang! Wenn er am End' gar — (Ruft ängstlich in die beiden Seitenthüren.) Frau Tant'! Schwester! Schwager! G'schwind'!

Vierzehnte Scene.

Carl, Fr. Trenner, Emilie, Marie und **Kohlmann,** der eine Serviette umgebunden und an einem Flügelbein nagt.)

Fr. Trenner. Was hast denn? Warum schreist denn so?

Em., Marie und **Kohlm.** (zugleich). Was ist's denn?

Carl. Der Onkel hat so kurios g'redt, völlig geistes=abwesend; wenn er sich am End' etwas anthut?

Fr. Trenner. Papperlapapp! Er wird sich nichts an= thun, hat auch keine Ursach' dazu; er hat die Scheidung woll'n und wenn er sich auch jetzt stellt, als wär' ihm leid, im Grund ist's doch sein Willen!

Kohlm. Da sind Sie im Irrthum, Schwiegertante, wie ich mich selbst überzeugt habe, geht ihm die Scheidung sehr zu Herzen!

Em. Darum sei nicht grausam — zeig' ihm ein gutes Gesicht!

Fr. Trenner. Nach dem man sich fünf Jahre lang sehnt, das ist keine vorübergehende Laune, er hat mich los sein wollen, das war sein Wunsch; mein Gewissen ist rein — ich bin ohne Schuld!

Carl (zu Marie). Marie, jetzt gib Acht, jetzt red' ich! (Wichtig.) Frau Tante, ich sehe mich genöthigt, in dieser Angelegenheit ein ernstes Wort mit Ihnen zu sprechen!

Fr. Trenner. Du misch' Dich net d'rein, Du bist zu unverständig.

Carl. Nein, das bin ich nicht. Ich bin der Neveu! Repräsentant des Hauses! Es ist meine Pflicht, die Ehre der Familie aufrecht zu halten. Darum sag' ich: „Tante geben Sie nach und machen's keinen Palawatsch!"

Kohlm. Die Red' ist zwar nicht vernünftig, aber sie hat einen Kern und ich rath' Ihnen selbst, liebe Schwiegertante, geben Sie nach.

Em. Wir bitten!

Marie. Tante, ich bitt' auch schön!

Fr. Trenner. Gebt's Euch keine Mühe, ich muß besser wissen, was in der Sache zu thun ist, ich kenn' ihn, er hat es so haben wollen.

Carl. Ich habe das Meinige gethan, mich trifft keine Verantwortung.

Fünfzehnte Scene.

Vorige. Trenner als Dienstmann gekleidet.

Carl (bemerkt den eintretenden Trenner). Der Onkel! (Halblaut). Aber das G'wand!

Trenner (zu den Anwesenden). Ich hab' mit meiner Frau zu reden, laßt uns allein.

Carl (halblaut). Aha! Jetzt tritt die Krisis ein, bleiben wir in der Nähe.

(Alle gehen geräuschlos. Kohlmann und Emilie in die Seite links, Carl und Marie Mitte. Frau Trenner steht abgewendet).

Trenner. Sei net harb, daß ich Dich nochmals belästige.

Fr. Trenner (ohne ihn anzusehen, nicht hart). Was willst denn? Red' —

Trenner. Bleibst Du bei Deinem Entschluß, Dich von mir scheiden zu lassen?

Fr. Trenner (wie oben). Wenn Du nur wegen dem kommen bist, hätt'st Dir die Müh' ersparen können — mein Entschluß steht fest.

Trenner. Na, wie Du willst. Du haſt g'ſagt zur Scheidung brauchſt Du meine Einwilligung, (indem er ihr ein Schriftſtück, das er aus ſeiner Bruſttaſche gezogen, übergibt). Hier iſt ſie. Ich hab' auch gleich unſere Vermögensverhältniſſe geordnet. Les', ich glaub', Du wirſt damit zufrieden ſein.

Fr. Trenner (hat das Schriftſtück entfaltet und geleſen). Du trittſt mir da Dein ganzes bewegliches und unbewegliches Vermögen, Haus, Papiere und Baargeld ab, das nehme ich net an.

Trenner. Und ich behalt' nix davon, weil Alles von der unglückſeligen Erbſchaft herſtammt, die mich um meine Zufriedenheit, mein' Humor und mein Lebensglück gebracht hat.

Fr. Trenner. Von was lebſt denn Du nachher?

Trenner. Lächerlich; vom Eſſen und Trinken, das ich mir in mein' neuen alten Stand verdienen werd'!

Fr. Trenner (die Dienſtmannskleidung erſt bemerkend). Was iſt denn das für eine Maskerade?

Trenner. Das iſt keine Maskerade, ſondern mein einſtiger Dienſtmannsanzug, den ich mir, wie Du weißt, zur Erinnerung an die fröhlichſte und ſchönſte Zeit meines Lebens aufg'hoben hab'!

Fr. Trenner. Damals warſt auch ein anderer Menſch!

Trenner. Net wahr? Wie ich auf der Mariahilferſtraßen g'ſtanden bin, vis-à-vis von dem Blumenmacherg'wölb', wo Du g'arbeit't haſt, da war ich immer luſtig und kreuzfidel und voll G'ſpaſſeteln. Da hab' ich ka Köchin, ka Madl für Alles ruhig vorbeigeh'n laſſen; jede hab' ich in d'Wang oder in Arm kneipt, oder hab' ihr Fürterbandl aufg'löſt und dabei hab' ich immer auf Dich umiblinzelt, obſt mich ſiehſt.

Fr. Trenner. Glaubſt, ich hab's net g'wußt, daß Du das nur wegen mir thuſt?

Trenner. Freilich hab' ich's nur wegen Dir gethan; ich hab' Dich eiferſüchtig machen wollen, weil Du, wennſt mich begegnet haſt, immer die Augen zu Boden g'ſchlagen oder auf d'Seiten g'ſchaut haſt.

Fr. Trenner. Ich kann doch net ſtehen bleiben und ein Discours mit Dir anfangen, wenn ich Dich net weiter als vom Sehen kenn'.

5*

Trenner. Nachher haft Du doch z'erst auf mich g'red't. Es war am Ostersamstag, da hat Dir Dein Onkel ein' Schunken und ein' Laib Brod g'schickt, was ich als Dienstmann von der Jessas-Maria-Josefbahn hab' holen müssen.

Fr. Trenner. Weil ich da schon g'wußt hab', daß Du a guter und a braver Mensch bist.

Trenner. Und daß ich sauber bin, das hab' ich Dir in die Augen ang'seh'n, wie ich Dir die Schunken in Dein Kammerl am Neubau bracht hab'.

Fr. Trenner. Na ja, Dein schwarzes Schnurbartl ist Dir gut g'standen.

Trenner. Fesch! Ich hab's a immer sein aufdraht und g'wichst. Mein Redhaus war a gut beinand. Gelt, wie ich Dir glückliche Feiertag und ein guten Appetit zu der Schunken g'wunschen und g'sagt hab', Du sollst Dir Speckknödeln dazu machen und beim Essen auf mich denken, da hast's nimmer über's Herz bracht.

Fr. Trenner. Ich hab' Dich eing'laden zu G'selchts und Speckknödeln!

Trenner. Das war mein g'heimster Wunsch. Ich hab' ein Jubelschrei g'macht und bin fortg'stürzt und z'Haus taumelt wie ein Betrunkener. Ich hab' die ganze Nacht kein Aug' zug'macht vor Freud' und um Fünfe war ich schon auf und hab' um dreißig Kreuzer Benzin auf mein Rock verbürst't, um ihn zu einem fleckenlosen Dasein herzustellen. Auf meine Stiefel hab' ich ein ganzes Schachterl Wichs verschmiert und doch haben's mir noch immer net g'nug glanzt! Wie ich dann endlich fertig war und fortgangen bin, san mir die Leut' auf der Straßen alle so klein und die Häuser sammt Allem so armselig vorkommen und dabei hab' ich mich unsinnig gift, daß die Sonn' noch was Anderes anscheint als mich.

Fr. Trenner. Ich hätt' Dich bald net kennt, so sauber warst z'sammputzt.

Trenner. Gelt! Und wie wir nachher beim Essen g'sessen sein und Du mir die delicaten Knödl und die unterspickten saftigen Stückerln Schunken hast vorg'legt, da bin ich in Wonne und Fetten g'schwommen.

Fr. Trenner. Mich hat's g'freut, daß Dir ein Stückerl besser g'schmeckt hat als das andere.

Trenner. Ich hab's g'sehn, denn wie ich schon g'nug g'habt hab', haft mir a b'sonders deliciöses Stückerl hing'halten und hast g'sagt, ich soll's Dir zu Lieb' noch essen. Auf das bin ich näher zu Dir g'ruckt und indem ich mein' Schulter leise an Deine druckt hab', (thut es) hab' ich g'sagt: „Mamsell Pepi, san Sie mir wirklich a bisserl gut?"

Sechzehnte Scene.

Vorige, Kohlmann und **Emilie** von links, **Carl, Marie** und die **Parteien** durch die Mitte.

(Die Obgenannten sind während der letzten Rede eingetreten und unbemerkt stehen geblieben. Frau Trenner bleibt abgewendet stehen.)

Trenner. Pepi, möchten Sie mein sein für's ganze Leben?

Fr. Trenner (dreht sich rasch um und fällt Trenner um den Hals.) Ja, Du grauslicher, guter Ding!

Trenner. Du verzeihst mir?

Fr. Trenner. Von ganzem Herzen!

Carl (indem er mit Marie und Parteien vortritt). Bravo, Tante!

Die Parteien. Bravo, Hausfrau!

Trenner. Kinder, jetzt bin ich wieder glücklich, denn in den acht Tagen des Alleinseins ist mir erst recht klar geworden, was die Ehe für ein Glück ist, wenn man so ein liebes, gutes, braves Weiberl hat wie ich. (Umarmt sie.)

Kohlm. Und ich seh' ein, daß ein gutes Stück Fleisch nicht zu verachten ist.

Fr. Trenner. Seid Ihr nun geheilt von Eurer Selbstquälerei?

Em. Sie sind's. Es gibt nun zwei glückliche Ehen.

Carl. Ich bitte, die unsere wird sein die Dritte. (Umfaßt Marie.)

Trenner. Und aus vollem Herzen ruf' ich: „Der Ehestand soll leben!"

Alle. Hoch!

(Der Vorhang fällt.)

Ende.

CPSIA information can be obtained
at www.ICGtesting.com
Printed in the USA
BVHW091419041118
532125BV00013B/1013/P